힘내라
사장

어떻게 시작한 사업인데 쉽게 포기하겠는가

힘내라 사장

초판 1쇄 인쇄 2021년 2월 17일
초판 1쇄 발행 2021년 2월 22일

지은이 정영순

발행인 백유미 조영석
발행처 (주)라온아시아
주소 서울특별시 서초구 효령로 34길 4, 프린스효령빌딩 5F

등록 2016년 7월 5일 제 2016-000141호
전화 070-7600-8230   **팩스** 070-4754-2473

값 13,800원
ISBN 979-11-91283-18-1 (03190)

라온북은 독자 여러분의 소중한 원고를 기다리고 있습니다. (raonbook@raonasia.co.kr)

힘내라 사장

어떻게
시작한 사업인데
쉽게
포기하겠는가

정영순 지음

RAON
BOOK

힘들어도 해내야 하는
사장이라는 자리

나는 스물세 살에 사장이 되었다. 사장이 뭔지도 모르는 채로, 어쩌다 보니 사장이 되어 있었다. 초등학교를 졸업하고 열다섯 살 때부터 시작한 봉제공장 생활은 나에게 공부할 시간을 주지 않았다. 누구보다도 머리 좋고 공부 잘한다는 칭찬을 받으며 꿈을 키웠는데, 중학교에 입학하던 해 봄에 아버지의 도박으로 인해 내 꿈과 미래는 산산히 부서지고 말았다.

공장에 다니며 야간 중학교 과정을 겨우 마치고 야간 고등학교에 입학하려니 퇴근 시간보다 한참 이른 시간에 학교에 가야 했다. 그래서 '내가 직접 공장을 차리면 시간을 자유롭게 쓸 수 있을 테고, 학교도 다닐 수 있겠지' 하는 단순한 생각에서 사업을 시작했다. 그러나 몸으로 직접 경험한 사장이라는 자리는 여가 생활은 물론이고 먹는 것, 자는 것마저도 맘 편히 할 수 없는 고통의 자리였다.

아무것도 모르고 시작한 사장의 삶은 늘 불안과 긴장의 연속이었다. 직원들 월급과 공장 임대료를 비롯한 갖가지 비용을 벌어놓지 못하면 잠을 잘 수 없는 생활의 연속이었다. 그때부터 어떻게든 살아내야 한다는 절박감이 지금까지 내 머리 한쪽에 깊숙이 새겨졌지 싶다.

너무 힘들어서 다시는 사장을 안 하겠다고 다짐하고는 1년 만에 공장을 팔아버렸다. 그러고 나서 시작한 것이 프리랜서였다. 프리랜서를 시작한 동기도 '돈벌이보다 공부를 더 하고 싶어서'였지만, 프리랜서 역시 일종의 사장이었다. 당시 재봉사 급여가 30만 원 정도였다. 그래서 단순히 '월 30만 원 정도만 벌면 되지' 하고 쉽게 생각했다. 하지만 천만에, 심부름하는 제자가 필요해졌고 그러니 제자 월급을 벌어야 하고 식대도 벌어야 했다. 규모만 작아졌지, 결국 사장인 건 마찬가지였다.

그 뒤로 지금까지 사장으로 쭉 살고 있다. 남들이 보기에는 별 볼 일 없는 조그만 공장 사장, 프리랜서 사장, 남대문 도매시장의 1인기업 대표, 호프 레스토랑 사장, 갈빗집 사장, 부동산 중개사무소 사장 등 각양각색의 업종에서 사장을 해보았다.

'사장'이라고 하면 거창한 기업의 대표를 떠올리기 쉽지만, 성공한 대기업 사장만 사장이 아니다. 어렵게 버티고 살아내는 중소기업 대표도 사장이다. 2020년 10월 중소벤처기업부에서 발표한 자료에 따르면 우리나라 기업 가운데 중소기업은 630만 개로, 전체의 99.9퍼센트를 차지한다. 우리나라에서 사장은 소상공업자가 대부분인 것이다. 지금 내가 사는 동네의 식당이나 마트, 세탁소 주인 등 자영업을 하는 사람이라면 사업 규모가 크든 작든 모두 사장이다.

이 많은 사장들의 속을 누가 알아주겠는가. 특히 요즘처럼 전 세계가 예상치 못한 바이러스의 습격을 속수무책으로 받고 있을 때, 사장들은 속이 문드러지고 타들어간다. 하지만 울고 싶어도 울지 못하는 게 사장이다.

사장은 슬퍼도, 힘들어도 자기 할 일을 모두 해내야 한다. 임대료를 벌어야 하고 직원들 급여를 벌어야 하고 자식들 학비도 벌어야 한다. 사장은 속으로 울지언정 겉으로는 웃어야 하고, 있던 집도 팔아야 하며, 월셋집이라도 감사히 여기며 산다.

거래처에서 돈을 보내지 않아서 매월 반드시 지출해야 하는 돈이 마련되지 못하면 사장은 피가 마른다. 급전이라도 빌려서 직원들 월급 주고 임대료를 지불한 뒤에야 간신히 숨을 돌린다. 그러다가 무너지면 사장은 신용불량자가 되고 노숙자가 되기도 한다.

그런 사장을 거의 평생 하고 있다. 왜냐고? 고달프고 외롭지만 그 과정 속에 보람과 성취감이 있기 때문이다. 사장을 하면서 작은 성취감이라도 느껴본 사람은 결코 사장을 그만두지 못한다. 등산에 비유하면 알맞으려나. 힘든 구간 지날 때는 울고, 시원한 바람이 불고 아름다운 경치가 이어지는 구간에서는 웃기도 하며 산 정상까지 계속 올라가는 과정이 사장이라는 자리 같다. 결국 정상에 올라가봤자 곧 내려와야 할 것을 알면서 말이다.

　나이 쉰다섯에는 법인을 설립했다. 아무래도 아직 철이 덜 든 것 같다. 나는 언제나 같은 마음이다. 스물셋에 공부하고 싶은 마음 하나로 사업을 시작했을 때처럼 단순하게 하나만 보고 나아간다. 그리고 내 앞에 닥친 일만 생각하고 달려든다. 생각을 너무 깊이 하면 앞으로 가지를 못한다.

　사장은 단순해야 한다. 그리고 끊임없이 공부해야 한다. 사장은 아무리 바빠도 책을 읽어야 하고 컴퓨터를 비롯한 새로운 기술을 배워야 한다. 배우지 않는 사장에게는 미래가 없다. 단, 자식이나 배우자에게 배우려고는 하지 마라! 배울 때는 시간도 내야 하고 돈도 들여야 한다. 왜? 그 피 같은 돈과 시간이 아까워서 본전 아니 그 이상을 뽑을 생각에 열심히 달려들게 되기 때문이다. 우리 회사 직원을 포함해 함께 일하는 사람들이 어림잡아 30여 명은 족히 된다. 이 사람들에게 딸린 식구들까지 생각하면 나는 상당히 많은 사람의 생계를 책임지고 있는 셈이다.

그러니 힘들어도 해내야 한다. 원칙을 지키고 정직하게 최선을 다하다 보면 언젠가 이르고 싶었던 목적지에 가 있지 않을까? 나와 같이 힘들게 버티는 이 땅의 수많은 사장들에게 힘내라고 응원하는 마음을 담아 이 책을 썼다.

사장님! 그럼에도 우리는 해내야 합니다.
힘내서 다시 한 걸음씩 걸어갑시다!

정영눈

| 차례 |

3장 실수와 좌절을 넘어 성공을 향해
_자금관리, 경험, 아이디어

4장 잘나가는 사장이 갖추어야 할 자세
_신뢰, 비전, 자기절제

5장 혼자 하는 사업은 없다
_1인기업, 자립성, 민첩함

6장 꿈은 이루어진다
_긍정 마인드, 배움, 인간관계

1장

처음부터 잘나가는
회사는 없다
_ 자기관리, 도전, 원칙

한 푼, 두 푼이
큰돈 된다

정말로 부자가 되려면

나도 TV와 각종 매체에 나오는 성공한 대기업 사장님이나 회장님이 되고 싶다. 돈이 많아서 강남에 빌딩도 사고 평생 돈 걱정 없이 살고 싶다. 신도시도 만들고 세계를 무대로 하고 싶은 것 다 해볼 수 있다면……. 상상만 해도 기분이 엄청 좋아진다.

로또가 우리나라에 처음 도입되고 당첨자가 나오지 않아 당첨금이 수백억 원에 이르던 때가 있었다. 전 국민이 로또 1등 당첨의 꿈을 꾸었지 싶다. 나도 그때 로또를 샀었다. '1등이 되면 무엇을 할까' 공상하며 보낸 일주일은 일을 해도 힘들지 않았다.

어느 날 갑자기 행운의 여신이 강림하여 나의 세상이 바뀌는 즐거운 상상. 만약에 이런 상상을 계속하고 싶다면 드라마를 쓰면 된다. 드라마 작가가 되려면 드라마를 공부하고 글쓰기를 배워야 하지만 안 되는 게 어디 있을까? 하면 된다. 지금부터 글쓰기 학원에 등록하고 책도 많이 읽으면서 글을 쓰다 보면 드라마 작가가 된다.

마찬가지로 대기업 사장? 당신도 될 수 있다. 강남 빌딩주도 될 수 있고 해외를 내 집처럼 드나들게 될 수도 있다. 돈 걱정 없이 살 수 있다고는 장담할 수 없다. 돈이 많으면 그만큼 걱정도 많아지니까. 그런 돈 걱정이라도 해보고 싶다면? 물론 가능하다. 단, 생각을 하는 순간 행동도 같이 해야만 한다. 마음으로는 누구나 대통령도 되고 유엔 사무총장도 될 수 있다. 그러나 정말로 그렇게 되려면 지금 있는 곳에서 그 목표를 향해 한 걸음씩 걸어가야 한다. 모든 시작은 한 걸음부터다. 지금 하고 있는 사업으로 돈을 벌고 싶다면 적은 돈이라도 한 푼 두 푼 버는 훈련을 시작해야 한다.

작은 것이 모여 큰 것이 된다

취미로 사진을 찍으러 돌아다니면서 좋아하게 된 곳 중에 양

평 두물머리가 있다. 북한강과 남한강이 만나는 곳으로 연꽃이 장관을 이룬다. 초여름 무렵 화려하게 피어난 연꽃을 보기 위해 많은 사진쟁이들은 물론이고 관광객이 발 디딜 틈 없이 모인다.

그런데 두물머리 연꽃이 처음부터 그렇게 장관을 이루었을까? 아니다. 작은 연 하나로 시작되어 지금에 이르렀다. 돈 버는 것도 마찬가지다. 작은 씨앗에서 시작된다. 어느 날 갑자기 떨어지는 행운은 없다. 로또를 맞으면 가능하겠지만 로또 당첨은 하늘에 별을 따는 것만큼이나 불가능한 일이다. 설령 당첨된다 해도 그렇게 생긴 돈이 내게 행복을 가져다줄 수 있을지도 의문이다.

어릴 때 살던 동네에 부잣집이 있었다. 그 집 주인 아저씨는 땅이 많아서 농번기만 되면 늘 일꾼을 많이 들여서 일을 시켰다. 마을 여자들은 그 집에 모여 밥을 했고 식사 때가 되면 마치 잔치집처럼 사람들이 모여들어 어른 아이 할 것 없이 다같이 풍족하게 밥을 먹었다.

집 주인 아저씨가 처음부터 부자였던 건 아니었다. 가난한 집에서 태어나 머슴살이로 돈을 벌어서 땅을 조금씩 사기 시작했고 일가를 이루고 점점 땅이 많아지면서 마을에서 첫째 가는 부잣집으로 자리를 잡았다.

내 기억 속에서 아저씨는 부자가 되었어도 늘 등에 지게를 지고 다니며 일을 했다. 힘들게 번 돈으로 자식들을 타지로 보내서 공부도 시키고 갖은 뒷바라지를 했지만, 자식들은 누리는 것에만 익숙했다. 아저씨가 돌아가신 후 자기 손으로 돈을 벌어보지 못했던 자식들은 사업을 한답시고 아저씨 재산을 모두 없애버렸다.

그 집 자식들은 왜 성공하지 못했을까? 적은 돈의 소중함을 알지 못했기 때문이다. 아버지가 머슴살이로 한 푼 두 푼씩 모아서 불려놓은 돈이 자식들에게는 그저 하늘에서 떨어진 로또 당첨금 같았을 것이다. 정말 중요한 돈의 속성을 알지 못하면 돈이 있어도 제대로 활용할 수 없다. 돈은 자기를 소중하게 생각하는 사람에게 머무르고 싶어한다. 먹고 싶은 것 다 먹고 하고 싶은 것 다 하는 사람에게 돈은 머무르지 않는다. 자기 수입보다 지출이 더 많다면? 당연히 부자가 될 생각은 접어야 한다.

공인중개사를 할 때 적은 돈을 잘 모아서 부자가 된 사람들을 여럿 보았다. 그중에 어떤 사람은 돈만 생겼다 하면 다 써버리는 아버지 때문에 돈의 소중함을 일찍 터득했다. 그래서 사업을 하며 성실하게 돈을 벌고 모아서 지금은 홍대 중심 상권에 빌딩을 지은, 말 그대로 '건물주님'이 되었다.

또 다른 사람은 힘들게 대학을 졸업하고 중소기업에 취직해 적은 월급이지만 꾸준히 저축했다. 그렇게 모은 돈으로 작은 집을 사고 나중에는 직접 빌딩을 짓기에 이르렀다. 그 사람은 남에게 기대지 않고 현장에서 직접 배우면서 일했고 그 결과 50대 중반에 벌써 멋진 빌딩을 소유하게 되었다. 그렇지만 누구에게 과시하려고 외제차를 타지도 않고 자식들에게도 스스로 성장할 수 있도록 돈의 소중함을 제대로 가르친다.

천 리 길도 한 걸음부터

이처럼 부자는 적은 돈에서 시작된다. 꿈을 이루는 일도 마찬가지다. 꿈이 생겼다면 그 꿈을 향해 한 걸음씩 나아가야 한다. 힘들고 어려운 일이 많겠지만 꿈을 이루는 과정이니 즐겨야 한다. 사업을 시작해 잘되는 일만 있으면 얼마나 좋을까. 그러나 성공은 실패를 많이 겪을수록 가까워지는 법이다. 수많은 실패로 이루어낸 성공이 진정 가치 있고 오래도록 지속된다.

성공한 기업의 사장이 되고 싶은가? 지금 당장 눈앞에 있는 작은 일부터 성공해라. 한 푼 두 푼이 결국 큰돈이 되고, 작은 성공이 큰 성공을 부른다. 천 리 길도 한 걸음부터다.

지금 내 옆 사람부터
만족시켜라

바야흐로 1인 CEO 시대

요새는 발길에 채이는 것이 사장이다. 농사꾼도 사장이고 사다리차 기사도 사장이다. 하루 벌어 하루 먹고사는 건설현장 잡부도 따지고 보면 사장인 셈이다. 그런데 이 많은 사장들이 성공하기 위해 가장 필요한 게 무엇일까? 바로 철저한 계획과 자기관리다.

농사 짓는 사람은 작물을 잘 가꾸고 키워내서 수익을 내야 버티고 살아낸다. 계획을 가지고 때에 따라서 봄에는 씨를 뿌리고 여름에는 병충해를 입지 않도록 관리해줘야 가을에 결실을 얻는다. 계획 없이 아무 때나 씨를 뿌린다면 결실을 거둘 수가 없다. 이처럼 농부는 나름대로 계획을 가지고 해야 하는 직업인 동시에, 다른 사람 아래에서 지시를 받지 않고 스스로 일하는 1인 CEO다.

사다리차와 같은 중장비를 가지고 일하는 사람도 마찬가지다. 중장비 기사는 영업을 해야 일을 얻는다. 필요한 곳에서 부르면 달려가 일을 해주고 돈을 받는 시스템이기에 더욱 자신을 관리하고 스스로 마케터가 되어야 한다. 직원을 부리지 않더라도 혼자서 일하고 그 돈으로 먹고 살기에 그 또한 자기 자신을 고용한 엄연한 사장이다. 정해진 월급이 없기 때문에 어쩌면 더욱 자기 관리가 철저해야 살아남는 사장이다.

일용직 노동자 역시 사장이다. 노동현장에서 가장 인기 많은 일꾼은 어떤 사람일까? 당연히 일 잘하고 성실한 사람이다. 만약에 어떤 사람에게 일을 맡겼는데 그 사람이 시간 때우기 식으로 일한다면 두 번 다시 그 사람을 찾으려 들지 않을 것이다. 반대로 상대를 배려하는 자세로 일에 전념하는 일꾼이라면 나중에 사람이 필요할 때 반드시 이 사람을 찾을 것이다. 이처럼 일용직 노동자도 적극적으로 자신을 관리하고 마케팅해야 하는 사장이다.

흔들리지 않는 사장이 될 수 있도록

그런데 왜 이렇게 사장이 많아졌을까? 속박 받지 않고 자유롭게 일하고 싶은 사람이 많아졌기 때문일 것이다. 사람은 남이 시키는 일은 하기 싫어하는 습성이 있다. 나부터도 그렇다. 내 일을 내가 스스로 하는 게 좋다. 그런데 사장이 흔하다 하더라도 다 같은 사장이 아니다. 자신을 얼마나 잘 관리하고 이끌어가 느냐에 따라서 평생 혼자 하는 사장일 수도 있고 더 나아가 다른 사람까지 이끄는 리더로 성장할 수도 있다.

사장으로서 성공하고 싶은가? 그렇다면 답은 아주 단순하다. 자기 자신을 관리하고 지금 제일 가까이에 있는 사람부터 만족 시켜라. 곁에 있는 사람도 만족시키지 못하면서 큰일을 도모하는 건 어리석은 일이다. 자기 주제도 모르고 거창한 꿈만 좇는 건 성공으로부터 점점 멀어지는 지름길임을 잊지 마라.

아침에 집에서 식구와 다투고 나오면 하루 종일 마음이 편하지 않다. 일하면서도 계속 신경 쓰이는 건 어쩔 수가 없다. 하지만 사장은 억지로라도 표정 관리를 해야 한다. 가까운 사람에게 큰일이 생겼다는 슬픈 소식을 받았더라도 일하는 동안에는 상대가 신경 쓰지 않도록 감정을 절제해야 한다. 당신이 1인 CEO든, 직원을 거느린 사업체의 대표든 사장은 사장이기 때문에 자기를 관리하여 일이 넘치지지는 않아도 부족하지 않게 할 의무가 있는 것이다. 그래야 당신 삶이 흔들리지 않는다.

　이제는 너도 나도 하는 사장, 정말로 별것 아니지만 그래도 쉽지 않다. 자기를 잘 관리해야 살아남고 풍요가 따라온다. 농사를 짓든 사다리차를 운전하든 노동 일을 하든 당신이 사장으로 살기로 선택한 이상, 더는 물러설 곳은 없다.

　각자가 품은 꿈을 이루도록 노력해야 한다. 자기 자신을 성실하게 관리하고, 곁에 있는 사람들부터 만족시키기 시작하면 성공은 따라오게 되어 있다.

현재 할 수 있는
일부터 시작하라

우울에 빠지기 쉬운, 예순이라는 나이

어느덧 예순에 접어들었다. 노년이 시작되는 시기를 저마다 다르게 규정하지만, 노인복지법은 65세 이상을 노인으로 본다. 평균 수명이 길어지면서 70세 이상으로 조정되어야 한다는 의견도 많이 나오고 있지만, 어쨌든 아직까지는 예순이라고 하면 청춘이라기보다는 노년기의 시작으로 보는 시각이 지배적이다.

'도대체 지금까지 뭘 하고 산 거야?', '돈도 모아놓은 게 별로 없고, 제대로 된 게 없는 삶이었어', '자식들은 저 잘났다고 이제 부모는 무시하는 것 같아', '나이 환갑에 누구는 '건물주님'이 되

어서 노후준비 끝냈는데 나는 변변한 집 한 칸도 마련하지 못했네!'

나뿐만 아니라 주위 내 또래 친구들 대부분이 이런 생각을 하는 것 같다. 좋은 대학 최고 학부를 졸업해 승승장구하던 시절도 있었고, 나름 잘나가던 때도 있었는데 은퇴하고 보니 할 일이 없다는 게 믿어지지 않는다. 그렇다고 돈이라도 맘놓고 쓸 수 있도록 저축하지도 못했다. 그런가 하면 나보다 공부도 못하고 찌질하게만 보이던 동창들이 지금은 큰 기업의 사장이 되고 국회의원이 되는 광경을 목도하면 급격히 우울감이 밀려와 인생이 끝난 것처럼 느껴지기도 한다.

마음이 위축되면 생활도 협소해진다. 친구도 만나러 나가지 않고 집에 틀어박혀서 삼시 세끼 밥만 축내는 '삼식이'로 살기 시작한다. 그리고 점차 잔소리 대마왕이 되어가거나 아니면 가족들 눈치를 보며 그림자처럼 살아간다. 이런 비참한 처지에서 살아가는 70~80대 선배들을 보면 가슴이 갑갑해진다. 하지만 은퇴했다고 크게 성공하지 못했다고 다 서글픈 삶을 살아가는 건 아니다. 마음먹기에 따라 인생은 언제든 완전히 바뀔 수 있다.

은퇴 후에도 얼마든지 새로 시작할 수 있다

젊은 시절 잘나가던 지인이 있었다. 그는 예순에 부도를 맞고 집 안에 들어앉았다. 그때가 15년 전이니, 그는 올해로 75세가 되었다. 우리나라에서 제일 좋은 대학, 최고 학과를 졸업한 뒤 외국계 회사에 취직한 그는 당시 최고 엘리트로 대접받았고 주위에서 끊임없이 찬사를 받았다. 그러던 그가 다니던 회사를 그만두고 사업을 시작했는데 위기가 닥쳤다. 살던 집은 담보로 잡히고 대출을 받아가며 갖은 노력을 기울였지만 운이 따라주지 않았다.

결국 회사를 정리하고 한동안 못 받은 돈을 받으러 다니다가 점차 집 밖으로 나가는 횟수가 줄었다. 한 해, 두 해 지나도록 머릿속으로 공상만화만 그리는 그 때문에 아내는 파출부 일을 나가야 했다. 그럼에도 불구하고 지금까지 '마포나루에 배가 들어오기만 하면 고생 끝 행복 시작'이라고 허송세월을 하고 있다.

한때 성공한 인물의 대명사처럼 일컬어지던 그는 지금은 각종 질환을 지닌 노인이 되어, 누가 봐도 보호해줘야 할 대상으로 전락했다. 그에게는 상황을 바꿀 기회가 여러 번 있었다. 후배가 자기 회사로 영입하려고 수차례 손을 내밀었지만, 그는 '내가 누군데 저런 새까만 후배 놈 아랫사람으로 가느냐'며 콧방귀도 뀌지 않았다.

그 후배는 그 뒤로 더욱 성공해 요즘은 언론매체에서도 가끔 등장하곤 한다. 그는 그 모습을 보면서 애가 내 후배라고 자랑하며 으쓱해한다. 참으로 안타깝다. 그가 예순에 위기를 맞이했을 때 현재를 제대로 들여다보고 받아들였더라면, 후배가 기회를 준다고 했을 때 잡았더라면, 그의 인생은 확연히 달라졌을 것이다.

그런가 하면, 은퇴 후에 전혀 다른 마음가짐으로 인생 반전을 이룬 친구도 있다. 그 친구는 평생 직업이라고는 가져본 일이 없는 전업주부였다. 남편이 은퇴하고 수입이 없는 상황에, 퇴직금으로 받은 돈은 생활비로 대부분 떨어지고 하루하루 불안한 시간을 보내고 있었다.

남편이 처음 퇴직했을 때는 금방 다시 직장을 잡을 수 있을 거라고 기대했다. 그러나 재취업은 길게는 1년, 짧게는 몇 개월도 못 가서 번번이 끝이 났다. 결혼 후 지금까지 남편이 번 돈으로 살았기에 함부로 남편에게 돈 벌러 나가라고 말할 수도 없었다. 하지만 하루 종일 한집에서 남편과 같이 지내려니 자기 공간을 빼앗긴 것 같고 몹시 답답했다.

그러다 평소 책을 좋아하던 친구는 퇴직한 남편과 사는 이야기를 글로 쓰기 시작했다. 그리고 그 글이 《오늘 남편이 퇴직했습니다》(박경옥, 나무옆의자, 2019)라는 책으로 엮여 세상에 나왔다.

친구는 인생 후반전을 작가로서 강연을 다니며 바쁘게 하루하루 보내고 있다. 물론 남편도 일을 한다. 친구 남편은 예전에 한진해운 해외 법인장을 20여 년 동안 하고 국내에 들어와서 이사로 있다가 퇴직한 강찬영 씨다.

그는 지금 택배회사 물류창고에서 몸 쓰는 일을 하고 있다. 오전에는 공부하고 오후에 일하면서 예순 이후를 위한 준비를 하고 있다고 한다. 과거에 비하면 비교할 수 없는 일이라고 할 수 있지만 강찬영 씨는 현실을 인정하고 자기가 할 수 있는 일이라면 기꺼이 받아들였다.

경험이란 자산으로 다시 도전하라

이처럼 과거에 어떤 자리에 있었는지는 중요하지 않다. 지금 자신이 할 수 있는 일을 찾아서 힘들지만 기꺼이 받아들여 노력한다면 노년에도 일할 수 있고 또 다른 도전도 할 수 있다.

내가 어렸을 때에는 예순이면 노인네라고 생각했다. 사실 그 시절에 환갑을 넘기면 장수한다고 할 정도였으니 노인 그룹에 들어가는 건 사실이었다. 그러나 지금은 삶의 질이 전반적으로 높아지고 평균 수명도 대폭 늘어나 전보다 20년은 더 젊게 사는 것 같다. 그러니 현재 예순이면 마흔이라 생각하고 지내면 딱 맞다.

60년 동안 산전수전 겪으며 경험을 쌓았는데 무엇이 두려울까. 실패도 공부다. 실패를 약으로 삼으면 무엇을 시작해도 늦지 않았다. 사장이 된다는 것, 돈 없어도 얼마든지 가능하다. 노트북 하나만 있어도 사장을 할 수 있다. 법인을 설립하는 것 또한 1만 원으로도 가능하다.

지금까지 살아온 경험들이 큰 자산이다. 경험보다 더 큰 스승은 없다. 만약 이제까지 가족을 위해서 일했다면 앞으로는 자기 자신을 위해서 배우고 일할 때다.

예순부터 배우며 시작해도 일흔에는 프로가 되어 있을 것이다. 일이든 공부든 10년을 열심히 하면 말 그대로 '선수'가 된다. 힘들지만 일하는 즐거움을 추구하며 도전하다 보면 어느 사이 당신은 여든의 나이가 되어서도 현역으로 뛸 수 있을지도 모른다. 최고령 방송인 송해 선생님도 아흔이 한참 넘었어도 〈전국노래자랑〉의 현역 진행자이지 않은가. 그에 비하면 예순은 이제 막 인생이 뭔지 보이기 시작하는 때다.

나도 예순이 되니, 진짜 인생이 뭔지 조금씩 깨달아간다. 넘어지고 깨지기를 한두 번 했을까. 삶을 놓고 싶은 순간이 수십 번이었다. 그러나 돌아보니 삶의 변곡점이 있을 때마다 고통 속에서 성장했음을 알 수 있었다.

살아보니 까짓것 별거도 아니더라. 나이 많다고, 실패했다고 주저앉지 마라. 살아온 경험과 실패를 자산으로 삼고 일하는 즐거움을 누리며 도전하다 보면 성공할 날이 올 것이다.

누구나 초보로
시작한다

무경험에서 경험으로, 저절로는 없다

모두가 처음 시작할 때는 경험이 없다. 그저 책이나 주변 사람들 이야기를 듣고 배워서 되는 게 사장이라면 왜 사장 하기 힘들다고 하겠는가. 간접 배움도 중요하지만 실전으로 배우면서 조금씩 사장이 되어간다.

사장은 대단한 사람이 아니다. 동네 슈퍼마켓 주인도 사장이고, 커피를 판매하는 카페 주인도 사장이다. 길가에서 물건을 내놓고 파는 장사꾼도 엄연한 사장이다.

사장이 되기까지 무슨 일이든 경험해보았을 것이다. 카페 주인이라면 커피를 좋아하든가 카페에서 일을 해봤던가 하는 경험이 카페 창업으로 이어졌을 가능성이 높다. 창업 동기가 어떠하든지 간에 시작하는 순간, 뛰어야 하는 게 사장이다. 그때부터 사장 경험이 축적되기 시작하는 것이다.

나름대로 멋지게 인테리어도 하고 좋은 재료도 갖추어 카페를 열었다고 치자. 이제 장사를 시작했는데 생각만큼 손님이 찾아오지 않는다. 그러면 사장은 속이 타들어간다. 임대료도 내야 하고 재료비도 마련해야 하는데, 최소한 유지는 되도록 매상이 올라야 하는데 그렇지 못할 때 꿈을 가지고 시작한 장사가 순식간에 빠져나갈 수 없는 족쇄처럼 느껴진다.

야심찬 계획과 달리 현실이 펼쳐질 때 마음을 다잡아야 한다. 우연히 저절로 되는 것은 없다고, 일단 일을 시작했으면 지금 있는 자리에서 최선을 다해야 한다고 힘들 때는 이 사람 저 사람 말에 흔들리기 쉽다. 물론 조언은 들을 수 있지만 소신을 잃어버리지 말아야 한다. 처음 마음을 지키며 반드시 해내야 한다는 각오로 생존해야 한다. 크든 작든 사업을 시작하고 사장이라는 자리를 선택한 순간, 쉬지 않고 달리는 수밖에 없다.

사장은 힘들어도 웃어야 한다

그냥 해도 힘든 사장, 요새는 더욱 힘들다. 생각지도 못한 코로나19 바이러스 때문이다. 온 세계가 멈춰버린 상황 속에서 자영업을 하는 사장들은 엄청난 고통을 겪고 있다. 퇴직금을 쏟아부어 PC방을 열자마자 강도 높은 거리두기 방침 때문에 문을 닫아야만 했던, 참담함에 주저앉아서 울던 사장의 얼굴이 잊히지 않는다. 사무실 주변 식당 사장도 괴롭긴 매한가지다. 텅 빈 식당에서 꾸부정하게 서서 손님을 기다리던 모습이 몹시 안타까웠다.

하지만 힘들어도 힘을 내야 하는 게 사장이다. 우울한 가게 주인의 얼굴을 보면서 식사하고 싶은 사람은 없다. 사장이 축 처져 있을수록 고객의 발길은 더 뜸해진다. 바이러스 때문에 상황이 나빠졌다고 주장하겠지만 똑같은 상황에도 손님이 꾸준히 드나드는 다른 가게들을 살펴보면 문제는 사장에게 있을 수 있다.

사장은 아무리 힘들어도 억지로 연습을 해서라도 밝은 표정을 짓고 씩씩한 목소리로 말해야 한다. 그게 되느냐고 반문한다면 서슴없이 된다고 대답할 수 있다. 내가 직접 해보았기 때문이다. 처음부터 잘나가는 회사는 거의 없다. 나도 큰돈 없이 사업을 시작해 여러 차례 진퇴양난의 처지에 빠진 적이 있었다. 작은 집 두 채를 판 돈도 야금야금 소진되자, 우울감에 표정 관리하기가 매우 어려웠다.

그러나 상황을 벗어날 수 없다면 할 수 있는 것부터라도 다시 해보자는 생각을 했고 그때부터 밝게 살려고 노력했다. 애써 웃는 표정을 만들었고, 할 일이 없으면 청소라도 하면서 몸을 움직여 어두운 기운이 정체되지 않도록 노력했다. 상담 전화를 받을 때도 목소리 톤을 올려서 힘 있게 응대해 상대로 하여금 의욕이 살아나도록 했다. 책을 봐도 긍정적인 자기계발서를 고르고 끊임없이 나도 할 수 있다는 마음을 가졌다. 여러 사람이 함께 일할 때도 그렇지만 혼자 사업을 하는 상황이라면 긍정의 자기최면이 더욱 필요하다.

긍정적 마음이 긍정적 상황을 부른다

처음 일을 시작해 좌충우돌하고 있는가? 코로나19 때문에 하던 사업이 실패 위기에 놓여 있는가? 우울한 마음에 주저앉지 말고 다시 씩씩하게 일어서야 한다. 마음먹기에 따라서 앞날은 전혀 다른 방향으로 펼쳐진다. 한번 좌절했더라도 그것을 딛고 일어서면 새로운 시작이 된다. 넘어졌다고 계속 주저앉아 울고 있으면 한 가지 좌절이 다른 좌절로 이어지게 마련이다.

성공도 마찬가지다. 하나가 잘되면 다음 것도 잘되기 쉽다.

긍정도 부정도 자기와 같은 것을 이끄는 성질을 지니고 있기 때문이다. 손님이 하나도 없는 카페에 들어갔는데 주인장의 밝은 표정과 상냥한 목소리를 들으면 왠지 자주 오고 싶어진다.

주인장과 대화도 나누고 싶어지고 속내도 이야기하고 싶어진다. 사장의 싹싹한 태도 덕분에 가게가 매일 가고 싶은 동네의 수다방이자 핫플레이스가 될 수 있다. 좋은 기운이 좋은 운을 부른다.

반대로 앞서 소개한 식당 주인처럼 점심 시간인데도 불구하고 손님이 없다는 이유로 꾸부정하니 서서 스마트폰만 들여다보고 있다면? 들어가고 싶은 마음이 안 생긴다. 고객이 스쳐 지나가는 줄도 모르고 그저 손님 없다고 황금 같은 시간을 흘려보낸다. 우울하고 음침한 기운이 돌기 시작하면 우연히 가게에 왔던 손님도 두 번은 찾지 않는다. 이처럼 사장의 마음가짐과 태도에 따라 사업의 성패가 갈리는 것이다.

넘어지면 다시 일어서면 된다

우리는 모두 아기 때부터 수도 없이 실패를 경험했다. 태어나 처음으로 뒤집기를 시도하고 배밀이를 하고 혼자 앉고 우뚝 서서 걷기까지, 수백 번 실패와 성공을 되풀이했다.

사업도 마찬가지다. 물론 넘어지면 아프다. 들어오는 돈은 없고 돈 나갈 일만 계속 생기는데 더 버텨낼 방법이 생각나지 않는다. 그러나 한 번 넘어졌다고 금방 죽지 않듯이 사업도 포기하지만 않으면 어느 순간 우뚝 설 날이 온다.

문제를 찾고 그 문제를 해결하고 또 문제가 발생하면 다시 찾고 해결하는 일의 연속이 사업이다. 반드시 이루어내겠다는 집념을 가지고 시도하다 보면 실패도 자산이 되어 성공으로 이끄는 밑거름이 된다. 아기들이 넘어져서 아픈 것만 생각한다면 다시 도전할 수 있을까? 될 때까지 해봐야지 하고 반복하다 보니까 어느 순간 성공하는 것이다. 지금 아파도 꿈을 이루기 위해서라면 다시 도전해야 한다.

아무것도 모르는 채로 사업을 시작해 좌충우돌 힘들게 여기까지 왔다. 어떻게 시작했는데 쉽게 포기하겠는가. 지금 넘어진 상태라면 다시 일어나면 된다. 까짓거, 아프기밖에 더 하겠어? 어차피 죽을 인생인데 죽는 날까지 도전해보는 거다.

쉰, 예순은 진짜 인생
시작하는 나이

느림보 아들 vs 불도저 엄마

나이를 크게 신경 쓰지 않고 앞만 보고 달려왔다. 그런데 예순에 접어들고 보니 일을 추진하는 속도가 조금씩 느려지고 멈춰서 조심스레 생각하는 때가 많아졌다. 역시 나이를 속일 수는 없는 모양이다. 얼마 전 문득 그런 내 모습을 발견하고는 정신이 번쩍 들었다. 그래서 그동안 미루어놓았던 자체 브랜드 개발을 서둘러 준비하라고 팀장에게 말했다. 남의 옷 제작도 중요하지만 우리가 원래 하려고 했던 기획을 실행하는 일도 매우 중요하다고, 박 실장과 의논해 진행하라고 지시했다.

박 실장은 내 하나밖에 없는 아들이다. 내가 쉰다섯에 법인을 설립하고 일을 크게 벌이자, 아들은 걱정이 되었던지 하던 일을 접고 회사로 들어왔다. 디자인을 전공하지는 않았지만 어린 시절 옷 공장에서 자랐기 때문에 자연스레 옷과 관련된 감각이 발달되었다. 팀장에게 브랜드 개발을 지시하고 며칠 뒤, 박 실장에게 그 일은 어떻게 되어가냐고 물었더니 대뜸 이렇게 대답했다.

"대표님 시간과 제 시간이 다릅니다. 그렇게 답답하시면 디자이너를 새로 들이세요."

하! 진짜 내가 쉰만 되었어도 맞짱 떴을 텐데. 확 그만두라고 말하고 싶은 걸 겨우 참았다. 아들은 성질이 급한 나와는 달리 참 느긋한 성품을 지녔다. 돌다리를 한두 번이 아니라 열 번은 두드려가며, 결코 서두르는 법 없이 천천히 꼼꼼하게 일을 처리하는 모습을 보면 속에서 천불이 날 때가 많다.

느긋하고 꼼꼼한 아들은 창의적인 면도 지니고 있다. 남다른 면모는 중학교 3학년 때부터 본격적으로 나타났다. 어느 날부턴가 머리를 빡빡 밀고 다녀서 이유를 물어보니 머리 감기 편해서 그런다고 대답했다. 하얀 실내화를 한쪽은 루이 비통, 다른 한쪽은 구찌 스타일로 만들어 짝짝이로 신고 다녔고, 만 원짜리 청바지에 제 멋대로 그림을 그리고 찢어서 자신만의 스타일로 만들어 입고 다녔다. 마지못해 하는 일은 아무리 오래 해도 능력을 발휘하지 못하지만, 자기가 좋아서 하는 일은 놀랄 만큼 몰입해 금세 배우며, 상부의 지시에 따라 급하게 일을 처리하기보다는 자기 속도에 맞춰서 차근차근 해나가려고 하는 아들의 모습을 보면 세대 차이와 격세지감을 저절로 느끼게 된다.

각자 방식대로 어우러지는 일이 관건

나는 아들의 나이 때 무엇을 했던가? 사느라고 나를 들여다 볼 겨를이 없었다. 내가 무엇을 좋아하고 잘하는지조차 모르고 살았다. 당시에는 대부분 그렇게 살았다. 하루 벌어 하루 먹고살 기에도 바빴기 때문에. 그러나 이제는 세상이 바뀌었다. 아들과 같은 또래인 90년대생은 대체로 자기 주관이 뚜렷하다. 싫으면 싫다고 대놓고 말하고, 좋으면 좋다고 분명하게 표현한다. 그리 고 자기가 하고 싶은 일은 반드시 하려고 한다. 사업을 하는 사 람이라면 당연히 각 세대별 특징을 잘 파악하고 있어야 한다. 그 래야 고객의 필요를 채워줄 수 있으니까. 아들 덕분에 나도 요즘 20~30대 젊은 층의 사고방식을 배워간다.

아들이 회사에서 중요한 역할을 해주고 있지만, 시시때때로 부딪칠 때면 속이 상하는 건 어쩔 수가 없다. 아무리 작아도 회 사는 조직이다. 내가 생각하는 조직과 아들이 생각하는 조직은 다른 걸까? 대표가 지시를 내리는데 자기 생각을 내세우며 급하면 입맛에 맞는 사람을 채용하라니……. 누구는 그럴 줄 몰라서 너한테 매달리냐? 돈이 문제지!

작은 기업일수록 구성원 한 명, 한 명의 의견을 존중해야 함을 안다. 그렇지만 생각이 떠올랐을 때 바로 실행해야 직성이 풀리는 나로서는 아들의 속도를 받아들이기가 참 힘들다. 하지만 다시 돌아보니, '지금까지 내 뜻대로 밀고 왔어도 이것밖에 안 되었지' 하는 생각이 들어 급한 마음을 내려놓는다. 사람은 쉬 변하지 않는다. 아들도, 다른 직원들도 내 맘대로 바꿀 수는 없다. 나는 내 방식대로, 너는 네 방식대로 하되 조화롭게 어우러지도록 하는 일이 회사 경영의 관건인 듯싶다.

쉰은 애송이, 예순은 어린애

가끔은 아들이 부럽다. 아들은 자기 생각과 감각에 충실한 삶을 살고 있다. 반면에 나는 늘 바빠서 일을 빨리 처리하기에 급급했다. 그러다 보니 시행착오를 수시로 겪기도 했다. 나도 나만의 스타일이 있고 꼭 해보고 싶은 일도 많았는데, 환경에 눌려서 감히 도전하지 못하고 현실에 맞추어 살다 보니 어느새 예순이라는 나이가 되어버렸다. 요새는 나 자신이 없어진 것 같다는 생각마저 자주 든다.

정말 나는 새로운 도전을 하기에는 너무 늦은 걸까? 자꾸만 '10년 전으로 돌아갔으면' 하는 후회 섞인 생각을 한다. 쉰만 되었어도 좀더 치밀하게 공부하고 준비해 창업했을 텐데, 그랬더라면 지금보다는 덜 고생했을 텐데 하는 생각을 한다. 내가 이런 얘기를 하면 쉰도 늦은 나이가 아닌가 반문하는 사람들이 많을 것이다. 그때 나도 그랬으니까 말이다. 그러나 단언컨대 쉰은 그제야 인생이 뭔지 느끼기 시작하는 나이다.

내가 나이 많다고 투덜대지만, 같이 사는 우리 엄마가 보기에 나는 또 얼마나 새파랗게 젊은 나이겠는가. 그러고 보면 예순은 아직 어린애고 쉰은 애송이라고도 볼 수 있겠다. 그러니 쉰, 예순이라고 도전을 두려워하지 않았으면 좋겠다. 이제부터 진짜 자기 인생을 살 수 있는 시기라고 여기고 도전하면 좋겠다.

100세 시대라고 하지 않는가. 겨우 절반 남짓 산 것이다. 창업이든 공부든 시작하면 진짜 내 것으로 만들 수 있는 인생의 황금기다.

이제는 내가 인생의 주인공이다

그동안 먹고사는 일에 매진했다면, 이제부터 지난 삶을 밑거

름으로 삼아 하고 싶었던 일을 시작하라. 지금부터라도 결코 늦지 않았다. 단, '나는 할 수 있다'는 긍정 마인드를 가지고 있어야만 한다. 과연 할 수 있을까 하는 의심을 가지기 시작하면 아무것도 할 수 없다. 꼭 돈이 있어야 하는 게 아니다. 남는 게 시간이라면 그 시간 먼저 활용해라. 요즘 시대에 꼭 배워야 하는 컴퓨터와 온라인 관련 공부를 하는 것도 매우 유익할 것이다. 넉넉잡아 10년만 배우고 연습하면 그 분야의 프로가 될 수 있다.

많은 사람이 과거에 비하면 살기가 많이 힘들어졌다고 말한다. 천만에 말씀이다. 예전에는 먹고사는 일 자체가 버거웠지만 요새는 굶을 걱정은커녕 너무 살이 쪄서 고민이지 않은가. 세상사 다 마음먹기에 달려 있다. 자신이 처한 상황을 최대한 긍정적으로 바라보고, 쉰이든 예순이든 할 수 있는 일부터 시작하라.

자식 뒷바라지해야 한다고? 진정 자식이 잘되기를 바란다면, 성인이 되는 순간 스스로 알아서 자기 앞가림을 하도록 과감하게 거리를 두어야 한다. 물론 자립할 때까지 숙식 제공 정도는 해주어야겠지만, 그 이상은 안 된다. 자식은 자기가 알아서 자립하도록 두고, 당신은 당신 인생을 살아라. 가슴 활짝 펴고 이제부터라도 하고 싶었던 일을 해라. 그러나 돈을 목적으로 삼지 말고 자신의 행복을 목표로 삼으면 좋겠다. 인생의 가치는 고급 승용차와 좋은 집에 있지 않다. 돈으로 행복을 살 수 있다면 왜 부유한 부모와 자식이 서로 소송을 걸고 자살을 하겠는가. 돈 아닌

나 자신의 행복과 성장을 목적으로 삼고 열심히 도전하다 보면, 인생 후반전은 다이내믹하게 즐기며 살 수 있을 것이다.

기본과 원칙을 지키는
사장이 성공한다

작은 틈이 공든 탑을 무너뜨린다

"사장님, 죄송합니다. 건강보험료가 체납되어서 출금이 정지되는 바람에 돈을 못 보내드렸습니다."

거래처에서 물품 대금을 보내주지 않아서 여러 번 전화를 걸었다. 그랬더니 거래처 사장이 겨우 한다는 소리가 건강보험료를 내지 않아서 통장이 압류되어 출금을 못하기 때문에 돈을 못 보낸다는 거였다. 월 매출이 1억 원이나 되는 업체가 할 얘긴가? 어이가 없었다. 그 뒤로도 돈을 보내지 않아 또 전화를 거니 이제는 아예 받지를 않는다.

이 업체는 꽤 알려진 인터넷 쇼핑몰이다. 그 업체 사장은 내게 그런 변명을 해놓고 나서도 버젓이 외제 차를 타고 고급 레스토랑에서 식사하는 영상까지 자기 SNS에 올렸다. 아무리 마케팅 목적으로 올린 영상이라지만 물품 대금을 받지 못한 회사 입장에서는 결코 좋게 봐줄 수 없는 모습이다. 그 사장은 나름대로 최선을 다해 그 자리까지 갔겠지만, 작은 바늘구멍이 지금껏 쌓아올린 공든 탑을 무너뜨릴 수 있다는 사실을 모르는가 보다.

무릇 사장은 누구보다 원칙을 철저하게 지켜야 하는 사람이다. 사소한 것 하나라도 소홀히 여겼다가는 공든 탑이 순식간에 무너질 수 있음을 명심하고, 물품 대금은 물론이고 각종 공과금과 특히 국세, 건강보험료는 목숨 걸고 내야 한다.

그 업체 사장에게도 피치 못할 사정은 있었을 것이다. 하지만 사장이라면 기본에 충실하게 사업을 이끌어가야 할 의무가 있다. 남의 물건을 받아서 판매하고 나서 대금을 지불하지 않는 것은 도둑질과 다르지 않다. 크든 적든 대금은 당연히 제때 지불해야 하는 것이다.

사장은 자기만의 원칙을 가져야 한다. 그리고 신뢰를 목숨처럼 지켜야 한다. '좀 늦게 줘도 괜찮겠지'라는 생각으로 적당히 넘어가는 순간에 상대 회사는 피가 마른다. 납품하고 대금을 받지 못하면 그 회사 자금 상황에 바로 문제가 생겨버린다. 그리고 문제가 생기면? 대처 방법이 다들 조금씩 다르겠지만, 내 경우에는 법대로 처리하기로 했다.

받을 돈 제대로 받는 것도 사장의 직무

우리 회사만 해도 100여 명이 관련되어 먹고사는 조직이다. 톱니바퀴처럼 모든 부분의 아귀가 잘 맞게 돌아가야 탈선하지 않고 앞으로 나아간다. 그런데 만약 어느 한 부분에 문제가 생겨버리면? 순식간에 무너져버리게 된다. 작은 문제라도, 적은 돈이라도 지나치지 않고 제대로 해결하고 제때 받아내야 회사가 문제 없이 굴러간다. 받을 돈을 제대로 받는 것도 사장의 엄연한 직무다. 이걸 제대로 하지 못하는 건 명백한 사장의 직무유기다.

많은 소상공업자가 시간과 돈이 아깝다는 생각에 변호사나 법무사를 찾아가지 않고, 그저 꾹 참고 기다리곤 한다. 그러나 사장이라는 자리는 모르면 배워야 하고, 없는 시간을 만들어서라도 회사의 권리를 찾아야 하는 자리다. 옛말에 '고름이 살 되지 않는다'고 했다. 아프지만 곪아터진 곳을 도려내야 살 수 있다. 지금 작은 손해를 묻어두면 더 큰 손해가 와도 속수무책이 될 수 있다. 뻔히 도둑인 줄 알면서 내버려둔다면 두 번째, 세 번째 피해자가 생길 수 있다. 시간이 좀 걸리고 돈이 들더라도 일정 기한을 넘긴 체불금은 법에 호소해 반드시 받아내야 한다. 배보다

배꼽이 더 커질 수도 있지만 그러면서 배우는 것이다.

아플 때 주로 이용하는 동네병원이 있듯이 법무사나 변호사도 처음 거래를 트는 게 어렵지 한두 번 찾다 보면 익숙해진다. 그렇게 변호사, 법무사와 관계를 맺고 친분을 유지하면 사업을 하는 데 여러모로 큰 도움이 된다. 돈을 못 받는 상황을 미리 방지하기 위해 아는 변호사에게 계약을 맺기 전에 계약서를 확인받는 것도 중요하다.

약속을 목숨줄로 생각하고 지켜라

만약에 대금을 체불한 쇼핑몰 사장이 내게 찾아와 자초지종을 설명하고 기다려달라고 했더라면, 나도 어느 정도는 기다려주었을 것이다. '말 한마디에 천냥 빚을 갚는다'는 말이 있지 않은가? 사업을 하다 보면 힘든 고비가 수시로 찾아온다. 정말 어려워서 약속을 지키지 못하는 상황이 되었을 때는 상대에게 전화가 올 때까지 기다리지 말고 먼저 전화하고 찾아가 간곡히 사정해야 한다. 그리고 자기가 약속을 지킬 수 있는 때를 정확히 얘기해주고, 그 약속은 목숨줄처럼 반드시 지켜야 한다.

사장 자리에 올라가는 순간, 당신은 공인이 된 것이다. 직원 하나 없는 회사일지라도 약속과 신뢰를 지켜야 한다는 책임감과 의무감을 늘 지녀야만 한다. 요즘 같은 온라인 시대에는 더욱 신뢰가 바탕이 되어야 먹고산다. 고객은 신뢰를 가지고 먼저 결제를 한 뒤에 물건을 기다린다. 그러므로 의뢰받은 업체는 물건을 제대로 발송하고, 배달된 물품에 하자가 있을 경우에는 바로 환불 또는 교환 조치를 해 고객이 불만을 느끼지 않도록 해야 한다. 그래야 그 고객은 그 업체를 다시 이용할 것이다. 이처럼 사업은 신용으로 돌아간다.

사장이 고객과의 관계, 그리고 물건을 만들어주는 업체와의 관계를 투명하고 깔끔하게 이어가야 회사가 성장할 수 있다. 지속적인 관계를 맺는 핵심은 물론 약속을 잘 지키는 데 있다. 스스로 원칙과 신뢰를 철두철미하게 지켜 경영하다 보면 자연스레 고객과 돈은 따라오게 되어 있다.

내 식구 먹여 살린다는 책임감으로

생각할수록 사장은 참 힘든 자리다. 줄 돈도 받을 돈도 철두철미하게 계산해야 하고, 작은 실수도 해서는 안 된다. 사장은 굶어도 직원은 먹여야 하고, 사장은 월세로 전락해도 노숙자가 되지는 않았음에 감사해야 한다. 발에 채이는 게 사장이라고 하지만 모두 같은 사장이 아니다. 진정한 사장은 약속을 지키기 위해서 타던 차도 팔아야 하고 살던 집도 팔아야 한다.

회사에 딸린 식구들을 생각하며, 내 식구 먹여 살려야 한다는 책임감으로 오늘도 살아간다. 그러다 보면 나도 살고 회사도 조금씩 더 성장한다. 기본과 원칙, 한결같이 지키기란 참으로 힘들지만 그것이 무너지면 나와 내 식구들도 함께 무너진다는 걸 명심해야 한다.

사장이 하고 싶은가? 그렇다면 해라. 당신이 목숨 걸고 지켜야 할 책임과 의무를 다한다면, 돈은 물론이고 명예도 얻게 될 것이다. 사장은 참 힘들지만 그렇기 때문에 도전해볼 만한 자리다.

2장

사장은 만능해결사

_ 진취성, 책임감, 성실함

뒤를 돌아보면
앞으로 갈 수 없다

날마다 돈과 전쟁

나는 지금 월셋집에서 산다. 원래 집을 두 채나 가지고 있었지만, 사업을 시작하고 회사에 자금이 딸려서 다 팔아버리고 지금은 빌라 2층에 월세를 내며 산다. 하지만 지금 형편에 만족한다. 이 집으로 이사 오기 직전에는 사무실로 사용하던 반지하 방에서 살았는데, 형제자매들이 도와줘서 그나마 환경이 훨씬 나은 곳으로 이사한 거다. 물론 월세는 꼬박꼬박 내야 하지만.

형제들은 이런 나를 이해하지 못한다. 그동안 벌어놓은 것만 가지고도 충분히 살 텐데 왜 자꾸 일을 크게 벌이느냐고, 지치지도 않느냐고 묻는다. 그렇게 이야기하는 마음도 이해는 간다. 하지만 나는 일이 좋다. 그리고 누군가에게 또 나에게 의미있게 삶을 살고 싶다. 그러기 위해서 사업을 하는 것이다.

'젊어서 고생은 사서도 한다'는 말이 있다. 젊었을 때에는 그 말뜻을 몰랐다. "왜 고생을 사서 해? 나는 그러지 않을 거야!" 하고 똑부러지게 단언했다. 열심히 일해서 부자가 되어서 돈 걱정 없이 살 거라고 호언장담했다. 그런데 지금은? 날마다 돈과 전쟁을 치르며 말 그대로 사서 고생을 하고 있다. 오늘이 우리 회사 급여와 동시에 대금 결제일인데 돈이 부족하다. 초조하고 걱정스럽지만 어떻게 하랴. 해결할 방법을 찾아봐야지. 매일매일이 도전이고 역경이지만 사서 고생하는 지금이 좋다. 나중에는 그 고생이 빛을 발할 때가 오리라는 걸 믿기 때문이다.

후회는 없다

20대 초반부터 사업을 시작해 지금까지 숨가쁘게 살고 있지만, 한때 심한 우울증에 시달렸었다. 그 시절에 가족들이 나를 가장 이해하지 못했다. 먹고살 만하니까 우울증이네 뭐네 한다면서 배려는커녕 마음의 상처를 주었다. 가까운 가족에게서 그런 얘길 들으니 우울한데다 더욱 주눅 들었다. 하루하루 살수록 살고 싶은 생각이 사라져, 자살 시도를 두 번이나 했다. 대학병원 응급실에서 눈을 뜨고 나서, 이렇게 살면 안 되겠다는 생각이 들어 적극적으로 우울증 치료를 받기 시작했다.

그렇게 꼬박 3년 동안 이어진 심리치료에서 나를 찾았다. 나는 일을 벌이면서, 어렵더라도 문제를 해결하면서 살아야 하는 체질임을 그제야 깨달았다. 가만히 앉아서 매달 나오는 임대료 받으면서, 남이 해주는 밥 먹으며 사는 생활이 내게는 죽을 만큼 힘들다는 걸 안 것이다. 그 사실을 알고서 나는 홀로서기로 작정했다. 그리고 세상 밖으로 나왔다.

몇 년 동안 집에서 살림만 하다가 세상으로 나와서 맨 처음 준비한 일이 부동산 공인중개사였다. 과거에 하던 일이었지만, 현장에서 다시 접한 공인중개 시장은 예전과 많이 달라져 있었다. 중개사가 포화 상태이다 보니 원칙도 상도덕도 없었다. 중개사 사무소가 너무 많아서 임대료도 못 내는 경우가 허다했고, 물건 하나를 두고 부동산끼리 경쟁해서 먹고사는 형국이었다.

공인중개사를 하면서 자연스럽게 내가 더 잘할 수 있는 일을 찾다가 오래전부터 했던 옷 제작에 눈을 돌렸다. 이 시장 역시 만만치 않지만 예전에 쌓은 경험도 있고 새로 공부해서 자격증을 따야만 하는 일도 아니라 해볼 만했다. 그렇게 다시 옷 사업을 시작해 지금까지 숱한 시행착오를 겪으며 왔다. 사업 때문에 있던 집도 다 팔고 월셋집에 살지만 후회는 없다. 만약 더 힘들

어지면 재봉 기술로 내가 할 수 있을 때까지 바느질하며 사는 것
도 나쁘지 않다고 생각한다.

동분서주 앞으로 나아가는 지금이 살맛 난다

뒤를 돌아보면 앞으로 갈 수 없다. 그리스 신화에 나오는 음
악의 대가 오르페우스 이야기가 단적으로 보여주지 않는가. 오
르페우스는 죽은 아내를 찾아서 저승까지 내려갔다. 저승의 왕
이 아내를 데리고 가되 날이 새기 전까지는 절대로 뒤에 따라오
는 아내를 보지 말라고 했다. 하지만 오르페우스는 너무 궁금해
서 뒤를 돌아보고 말았고, 아내를 영원히 잃게 되었다.

물론 과거를 돌아보고 반성하는 일은 중요하다. 살면서 후회
없는 사람이 어디 있을까. 나 역시 그때 그 선택만 하지 않았더
라면 하는 일들이 수없이 많다. 하지만 지나간 일은 과거로, 경
험으로 남겨야 한다. 경험을 자산으로 삼아서 멈추지 않고 앞으
로 나아가야 한다.

우울증을 겪은 뒤로 공인중개사를 비롯해 여러 가지 일에 도
전했다. 결코 쉽지 않은 여정이었다. 비바람도 맞고 천둥번개도
맞닥뜨렸다. 하지만 어려웠던 만큼 보람을 느꼈고 많은 성장을

했다. 만약 더는 새로운 시도를 하지 않고 전에 했던 부동산 공인중개사 사무실에 앉아있었다면 남아도는 시간을 주체하지 못해 심리적 갈등을 느끼고 다시 우울증에 걸렸을지도 모른다. 바빠서 하루가 어떻게 가는 줄도 모르고 동분서주하며 사는 지금이 살맛 난다.

나는 작은 불씨지만, 그것이 여러 사람에게 전해지고 다 함께 그 불을 꺼뜨리지 않기 위해 최선을 다하며 사는 게 가장 행복한 삶이라고 생각한다. 돈이 부족하면 덜 쓰고 때로는 다른 이에게 기대면서 살아도 괜찮다. 나에게서 시작된 그 불씨가 여러 사람, 더 나아가 세상을 밝히는 횃불이 될 수 있도록 오늘도 새롭게 도전하며 나아간다.

좌절 금지, 살면 살아진다

혹시 너무 힘들어서 주저앉아 있는가? 계속되는 실패에 희망을 잃어버렸는가? 지금 너무 괴롭다고 좌절하지는 않았으면 좋겠다. 물론 죽을 만큼 힘들겠지만, 죽을 힘으로 살아내야 한다.

만약 내가 우울증에서 벗어나지 못하고 자살해 세상을 떠났다면, 죽어서도 욕을 먹었을 것이다. 너무 편하게 살아서 스스로 복을 버렸다고 말이다. 당시에는 희망이 병아리 눈물만큼도 없는 것 같았는데, 살아 있으니 살아지더라.

벗어날 수 없는 고통은 없다. 괴로움에 매몰되어 있지 말고, 지금 있는 자리에서 조금씩 움직여야 한다. 그러다 보면 걷게 되고 뛸 수 있게 된다. 만약 할 일이 생각나지 않으면 내 집, 방 청소부터 해보는 건 어떨까? 하다 보면 도미노처럼 할 일이 이어지게 되어 있다. 그렇게 할 일을 하나씩 해나가다 보면, 내가 바라던 곳에 이르러 있을 것이다. 꿈은 멀리 있는 것이 아니라, 지금 있는 이 자리에서 시작된다.

사장은 실패를
먹고 성장한다

재고가 제일 문제로다

"대표님, 저 이번에 안 되면 큰일 나요. 마이너스 통장은 가득 찬 상태고, 그만둘 수 없어서 마지막이라고 생각하고 카드대출까지 받아서 시작하는 겁니다."

거래처 대표가 와서 절박하게 하소연을 늘어놓는다. 그 얘길 듣고 속으로 '나도 똑같은 처지여' 하고 말했다. 사장은 있는 돈 없는 돈 모조리 끌어와서 사업을 유지한다. 그렇게 벌인 일이 망하면? 신용불량자가 된다. 그러니 절박할 수밖에……. 내가 몸담고 있는 의류업계에서는 재고 관리가 사업 성패를 가르는 중요한 요인이다. 야심차게 준비해 내놓은 상품이 대박까지는 아니더라도 투자금을 회수할 만큼은 팔려야 한다. 만약 그렇지 못하고 재고로 쌓이다면 다음 상품을 만들 수가 없어 사업은 주저 앉게 된다.

재고가 쌓이지 않으려면 미리 견본을 만들어서 촬영을 하고 선주문을 받아서 그만큼만 제작하면 된다. 하지만 이제 시작한 신생 업체나 작은 기업은 주문량이 적은 경우가 많고, 그렇게 되면 공장에서 제작을 꺼린다. 그렇게 적은 양을 제작하는 일은 이윤이 남지 않기 때문이다. 제작은 해야 해서 공장에서 요구하는 만큼 제작하면 재고가 쌓이게 되니, 참으로 어려운 형편이 아닐 수 없다.

겁 없이 시작한 온라인 쇼핑몰

그 힘든 과정을 나도 경험했기에 우리 회사에서는 작은 회사의 적은 물량도 최대한 받아주려고 하는 편이다. 사실 내가 다시 의류업계로 돌아오기로 결정한 뒤에 맨 처음 시작한 건 옷 제작이 아닌 온라인 쇼핑몰이었다. 온라인 마케팅을 공부하던 때에 우연히 전에 거래하던 봉제공장 사장님을 만나게 되었고, 그분의 딱한 사정을 알고서 도와줄 방법을 찾다가 겁도 없이 쇼핑몰을 시작하게 된 것이다.

그분은 내가 집에서 작업할 때 일감을 가져다주던 업체 사장이었다. 당시에 3층짜리 건물을 소유하고 전체를 공장으로 사용할 만큼 상당히 성공했는데, 무리한 시설투자 때문에 공장 건물은 물론이고 집까지 모두 팔고 남의 건물에 세들어 어렵게 사업을 이어가고 있었다.

그분 사연을 듣고 안타까운 마음에 온라인 쇼핑몰을 열어서 함께 상생하는 길을 도모하기 시작했다. 하지만 막상 일을 해보니 현실은 내 마음과 다르게 펼쳐졌다. 공장에서 이윤을 낼 수 있는 최소한의 물량이라도, 신생 쇼핑몰인 우리 회사가 소화하기에는 벅찼다. 나날이 재고가 쌓일 수밖에 없었다. 그런 막막한 상황에도 사무실 임대료와 직원 급여를 비롯한 기본 비용은 매달 만만치 않게 나갔다. 수중에 있던 모든 것을 팔아도 해결할 수 없는 처지에 놓이자, 다른 길을 모색하게 되었다. 옷을 직접 만들기로 마음먹은 것이다.

다시 옷 제작의 길로

재고가 더 이상 쌓이지 않게 하기 위해 12년 만에 다시 재봉틀 앞에 앉았다. 두 번 다시는 옷 제작 공장을 하지 않겠다고 마음먹었는데……. 내 발등을 내가 찍은 셈이다.

직접 옷 제작에 나섰지만 상황은 나아지지 않았다. 혼자서 일을 할 수는 없기 때문에 함께 일할 직원을 두어야 했다. 그런데 급여를 줘야 하는 직원 수는 점점 더 늘어나는 반면, 수입은 자꾸만 줄어드는 것이었다. 결국 자금난에 딱 하나 남아 있던 집마저 팔자, 아들이 뛰어들어 나를 제지시키기 시작했다. 이러다가 길거리로 나앉겠다 싶었던 모양이다.

결국 우리 쇼핑몰 제품을 만들어 팔아서는 충분한 이윤이 남지 않아 당분간은 다른 업체 옷을 의뢰받아 제작하는 일에 매진하기로 했다. 현재 우리 회사는 쇼핑몰과 옷 제작, 컨설팅을 함께 하고 있다. 유통기한이 짧은 온라인 쇼핑몰의 특징, 최대한 재고가 쌓이지 않도록 하는 노하우 등 오랜 경험을 토대로 거래처와 다양한 방법을 끊임없이 연구하고 있다.

그저 단순하게 편한 길만 생각한다면 일감을 넉넉히 주는 몇몇 업체와 안정적인 거래를 하면 된다. 하지만 작은 신생 업체의 어려움을 알기에 다 같이 살 수 있는 방법을 함께 모색하는 것이다. 갑과 을의 거래가 아니라 더불어 상생하는 거래를 꿈꾼다.

모든 책임은 사장이 진다

옷 제작을 하면서 쌓여가는 재고 때문에 고통을 겪는 사장들을 자주 만난다. 나는 그나마 기술이 있어 옷을 제작하며 힘든 시절을 버티고 있지만, 그렇지 못한 사장들은 그저 한숨만 내쉴 뿐이다. 처음 디자인을 개발하고 견본작업을 할 때는 이쁜 내 새끼였던 것이 팔리지 않으면 애물단지가 되어 가슴을 짓누른다.

하지만 누가 시켜서 시작한 일이었던가? 자기 결정이었던 만큼, 갖고 있던 모든 것을 쏟아부어 지켜내고 견뎌내야 한다. 직원 한 사람이라도 반드시 제 날짜에 월급을 지불해야 하고 임대료, 전기료를 비롯한 필수로 지출되는 비용 또한 해결해야 한다. 그것이 사장이라는 이름에 얹혀 있는 무게라는 것을 잊으면 안 된다. 책임을 소홀히 하는 순간, 사업은 망하고 사장은 사장 자리에서 내려오게 된다.

서울역에서 노숙하는 사람 중에는 과거에 상당히 잘나가던 사장들이 의외로 많다. 그들도 가진 전부를 내놓아야 했기에 결국 길에 나앉게 된 것이다. 안타까운 현실이다. 그렇게 되지 않으려고 늘 발버둥을 쳐야만 하는 사장이라는 자리. 잠을 자도 돌덩이 같은 이불을 덮고 자야 할 때가 많은, 꿈속에서조차 일 그리고 돈과 전쟁을 벌여야 하는 사장이라는 자리. 고단하기 이루 말할 수 없는 자리이지만, 그 모든 일을 책임감 있게 해나가다 보면 어느새 목표에 도달해 있으리라고 믿는다.

만드는 것보다 파는 게 더 중요하다

온라인 의류 쇼핑몰을 시작하려는 사람들에게 처음부터 대박을 내겠다는 환상은 버리라고 말해주고 싶다. 성공한 쇼핑몰도 시작은 미미했다. 재고 부담을 껴안고 자체 제작에 열을 올리기보다는 동대문에서 좋은 물품을 사서 판매하는 것부터 시작하는 편이 낫다. 같은 디자인 옷을 최소 20~30장은 판매할 수 있을 때 서서히 자체 제작을 해도 늦지 않다.

쇼핑몰은 만드는 것보다 파는 일이 훨씬 더 중요하다. 무조건 잘 팔아야 사업을 유지할 수 있다. 판매가 가장 중요한데도 처음 제작하는 업체들은 바느질에 목숨 걸고 달려든다. 바느질은 기본만 해주어도 잘 파는 사람들은 몇 백 장씩도 판매한다. 아무리 잘 만들어도 팔지 못하면 천덕꾸리기 신세가 된다는 걸 굳이 경험해보아야 아는 걸까.

사장은 꿈으로 되는 게 아니라 현실에서 무수한 실패와 좌절로 넘어지면 다시 일어나기를 반복하면서 만들어져간다. 실패가 두려우면 사장 할 생각도 하지 마라. 사장은 실패를 먹고 성장하는 자리기 때문이다. 고난과 역경을 즐길 각오로 하다 보면 어느 사이 돈 걱정 없는 사장 자리에 있을 거라고 기대하면서 오늘도 다시 일어서게 될 것이다.

월급과 결제 날짜는
목숨같이 지켜라

사장은 30일 인생

시간을 붙잡아둘 수 있다면 얼마나 좋을까. 사업을 시작한 뒤로 시간이 시속 60킬로미터 아니 초속 60킬로미터로 달린 지 오래다. 엊그제가 월급날이었던 것 같은데 벌써 내일이면 이번 달 월급과 임대료, 각종 공과금을 지불해야 한다. 형편이 넉넉하면 걱정이 없겠지만, 통장 잔고는 늘 간당간당하다. 그저 하루하루 쓰기에 모자라지만 않으면 감사할 따름이다. 부자는 아니더라도 돈 걱정 없이 살고 싶었는데, 사장이 되고 나서 30일 인생을 살고 있다.

내가 좋아서 선택한 일인데, 돈에 쪼들리고 여러 가지 문제에 시달리다 보면 '누구를 위하여 종을 울리는가' 하는 의문과 회의감이 들 때가 있다. 하지만 이내 마음을 다잡는다. 모든 선택은 스스로 했다. 어떤 상황에서도 내가 한 선택에 책임을 져야만 한다. 사장은 개척자다. 길이 안 보인다면 없던 길을 새로 내서라도 문제를 해결해야 한다. 대부업체에서 사채를 얻어서라도 때가 되면 월급을 지급해야 하고 회사가 문제 없이 돌아가게 해야 한다.

사장이 신용등급이 최하로 떨어질지라도 결제일은 지켜라. 그리고 이런 사장의 고충을 직원들이 알아주기를 기대하지 마라. 당신이 월급쟁이이던 시절에 조금이라도 사장의 입장에서 생각한 적이 있는가? 아마 없을 것이다. 나 또한 그랬으니까. 사장이 되고 나서야 그 맘을 알았다. 하지만 이미 벌인 일, 돌이킬 수 없으니 그저 앞만 보고 30일을 목숨줄처럼 챙기며 갈 뿐이다.

농사처럼 사업도 꾸준함이 관건

몇 년 전부터 어머니와 함께 서울 근교에서 주말 농장을 한다. 농사를 직접 지어보니, 사업이 농사와 참 비슷하다는 생각을 자주 하게 된다. 봄이 되면 많은 사람들이 겨울 동안 움츠러들었던 몸과 마음을 일깨우며 기지개를 켠다. 뭔가 해보겠다는 의지로 가득 차서 사업을 구상하며 여기저기 문을 두드린다. 우리 회사에도 봄만 되면 전화에 불이 난다. "자체 제작 쇼핑몰을 시작하려고 하는데 도와줄 수 있나요?" 하고 묻는 전화가 하루에도 여러 통 걸려온다.

봄이 되면 주말 농장에서는 도시에 사는 사람들에게 한 고랑씩 1년 동안 빌려준다. 봄에는 매주 농장에 사람들이 붐벼 생기가 가득하다. 사람들은 부푼 꿈을 안고 상추며 고추며 다양한 작물을 빼곡히 심는다. 그러다 한 주, 두 주가 지나면 잡초가 올라오기 시작한다. 초보 농꾼은 처음에는 매주 찾아와 잡초를 부지런히 뽑는다. 그러나 시간이 지날수록 잡초가 너무 무성해져서, 나중에는 어느 것이 모종이고 어느 것이 잡초인지 구분이 안될 지경이 된다.

수확은 멀었는데 힘든 일만 계속된다. 언제까지 잡초를 뽑고 돌봐야 하는지 모르겠다는 생각이 들면서 조금씩 의욕은 사라지고 재미와 매력도 사그라져간다. 초보 농사꾼의 발길이 뜸해진 밭은 잡초가 무성한 주인 없는 밭처럼 되어버린다. 여름이 되어 봄과는 확연히 다른, 내버려진 듯한 농장 풍경을 보면 사장이 손 놓고 떠나버린 사업장 같다.

처음 사업을 시작했을 때는 모두 가슴에 꿈을 품고 열심히 한다. 그런데 늘 좋은 일만 펼쳐지면 좋으련만, 생각지도 못한 변수가 여기저기서 나타난다. 가뭄이나 장마에 상추 같은 작물은 취약한 반면에 쇠비름, 바랭이 같은 잡초는 강한 생명력을 뿜내며 뽑아도 뽑아도 계속 자라난다. 사업도 마찬가지다. 이루려는 일은 너무나 쉽게 좌절되고, 예기치 못한 크고 작은 문제들은 쉬 해결될 기미를 보이지 않는다. 애초에 내가 이루려고 했던 목적이 아닌, 엉뚱한 데 에너지를 빼앗기다 보면 '에라 모르겠다' 하고 일에 손을 놓기 십상이다.

그러나 힘들다고 미루거나 주저앉으면 안 된다. 농사처럼 사업도 꾸준함이 필요하다. 매달 줘야 하는 돈을 미루지 않고 제때 지급하는 일은 기본이고, 매일 맞닥뜨리는 고난과 역경을 피하지 않고 해결해 넘겨야 한다. 그래야 풍성한 수확을 거둘 수 있다.

대비하고 지켜나가라

농사와 사업, 아니 인생 자체가 예기치 못한 상황의 연속이다. 언제 어디서 변수가 나타날지 알 수 없다. 그런 상황은 모두에게 동일하다. 그러니 성공을 이루려면 매일매일 충실하게 책임감을 가지고 자기 앞에 주어진 과제를 해결해나가는 수밖에 없다. 동네 작은 분식집 사장, 잘나가는 큰 기업체 사장도 좋은 때와 나쁜 때를 수시로 겪으며 지금까지 살아남았다.

이번 달 결제일을 넘기더라도 다음 달에는 어떨지 알 수 없다. 그러니 방심은 금물이다. 많을 때는 비축하여 다음 결제일을 대비하고, 없을 때도 절대로 지급을 미루지 말고 어떻게든 방법을 찾아서 제때 돈이 나갈 수 있게 해야 한다. '임대료 한 달 두 달 건너뛴다고 쫓아내지는 않겠지', '직원들 급여 한 달 미룬다고 뭔 일 생기겠어' 하는 안일한 마음으로 지내면 호미로 막을 일 가래로 막을 수도 없는 결과가 초래될 수 있다. 보통 30일로 약정이 되어 있는 결제 시스템을 우습게 보는 순간, 사장은 신용불량자는 물론이고 노숙자가 될 수도 있다.

주말 농장은 수확을 포기하면 그만이지만 사업은 실패할 경우 훨씬 고통스런 결과가 기다린다. 그저 작물을 안 먹으면 그만인 수준이 아니라 사장과 직원과 그 가족들 모두가 엄청난 후폭풍을 맞게 된다. 그러니 사장은 여러 인생을 손에 쥐고 있음을 잊지 말고, 매달 돌아오는 결제일뿐만 아니라 매일 처리해야 하는 일도 성실히 해결하고, 예기치 못한 변수에 늘 대비해야 한다. 너무나 힘들지만 그만큼 성장할 수 있기에 사장을 계속 하고 있나 보다.

사장은
청소부

정리정돈의 힘

    우리 회사는 봉제 일을 하기 때문에 하루만 청소하지 않아도 재봉틀 아래는 물론이고 사무실 곳곳에 실밥이며 천 조각, 먼지 뭉치가 굴러다닌다. 그래서 수시로 빗자루와 걸레를 들고 다니며 청소를 하며 정리정돈을 한다. 어지럽혀지는 건 순식간이어서 미뤄두지 않고 그때그때 정리해 청결을 유지하려고 애를 쓴다.

    내가 이렇게 정리정돈에 힘을 쏟는 이유는 작업 환경이 작업의 능률과 직결되기 때문이다. 모든 것이 제자리에 놓여 있고 말끔한 환경에서 해야 일은 집중이 더 잘된다. 그리고 어수선한 환경은 거래처에게 신뢰를 줄 수 없다. 나부터 작업을 의뢰하기 위해 방문한 업체가 먼지투성이에 지저분한 상태라면 일을 맡기면서도 불안하다. 반면에 거래처가 청결하고 깔끔하게 정리되어 있다면 안심하게 된다. 일터 환경을 보면 그 업체를 이끄는 사장과 직원의 태도를 알 수 있다.

일하기에도 바쁜데 누가 나서서 매일매일 정리정돈하고 청소하느냐고? 작은 사업장일수록 사장이 나서는 수밖에 없다. 우리 회사는 나부터 정리하는 습관이 있다 보니 다른 직원들도 영향을 받아 곧잘 정리하고 청소한다. 사람은 환경에 지배를 받게 마련이다. 사장이 나서서 일터를 청결하게 하면 그 상태를 유지하기 위해 청소를 안 하던 사람도 같이 하게 된다. 반대로 사장이 환경에 무심해 관심을 두지 않고 일만 잘하면 된다는 안일한 생각을 가지면, 직원들도 닮게 된다. 그러니 사장의 솔선수범이 참 중요하다.

깨끗하고 밝은 일터에서 일이 잘 풀린다

청소하는 습관을 갖게 된 건 부동산 중개사무실을 운영했을 때부터다. 중개인은 계약이 이루어지도록 하기 위해 고객에게 집이나 점포를 보여주면서 되도록이면 그 곳의 장점을 강조한다. 잠재 가치가 높다든가, 고정 손님이 많다든가 하면서 온갖 긍정적인 점을 부각시킨다. 하지만 아무리 장점이 많은 곳이라 해도 정작 그곳을 방문했을 때 청소도 되어 있지 않은 엉망진창 상태라면 고객은 구경조차도 꺼린다.

이 사실을 알게 된 뒤에는 급하게 집을 팔고 싶어하는 사람에게 우선 집 안을 깔끔하게 청소하라고 말한다. 집이 너무 낡아서 제값을 받기에 다소 어려움이 있다면 인테리어까지 새로 하도록 권한다. 집도 상품이기에 포장을 잘해야 매매 확률이 높아지기 때문이다.

사업도 비슷하다. 겉으로 보이는 이미지가 무척 중요하게 작용한다. 그렇기 때문에 사업장의 환경을 잘 꾸며놓아야 원하는 거래를 성사시킬 수 있다. 우리 회사를 방문하는 거래처 사람들은 다른 곳도 여러 군데 다녀본 경우가 많다. 같은 일을 하는 곳이라면 당연히 깨끗하게 정리되어 있고 일하는 사람의 표정이나 말씨가 밝은 곳과 거래하고 싶지 않을까? 사람 마음 다 비슷하다. 정리정돈된 일터가 일을 부른다. 이처럼 일터의 이미지는 사업 성장에 참 중요하다.

금전관계를 말끔하게 해두는 것도 사장의 의무

겉으로 보이는 환경뿐 아니라, 금전관계를 말끔히 정리하는 일도 매우 중요하다. 세금을 밀리지 않게 내야 하고, 특히 남에게 줄 돈 약속은 목숨처럼 지켜야 한다. 장사를 하기 위해 여기저기서 사들인 물건 대금을 쉽게 생각하는 순간, 지금까지 쌓아놓은 모든 것이 무너질 수 있다. 쓰레기를 치우지 않으면 악취가 풍기는 것처럼 거래처에 지불해야 하는 용역비나 물품비 역시 곪아 터질 때까지 내버려두지 말고 그때그때 해결해야 한다. 사장의 의지만 확실하다면 방법은 찾으면 반드시 나타나게 되어 있다.

사장은 줄 돈뿐만 아니라 받을 돈도 확실히 받아낼 줄 알아야 한다. 오래도록 건축업을 하던 지인이 있다. 몇 번을 넘어지고 일어나기를 반복했는데, 마지막으로 아는 사람 땅에 빌라를 지으며 서류를 제대로 갖추지 않은 채로 공사부터 진행했다. 잘 아는 사람이니 믿을 수 있으리라 생각했던 거다. 그런데 건축주 아들이 40억 원이 넘는 공사비를 가지고 해외로 도주해버렸고, 지인은 부도를 맞고 말았다.

아무리 가까운 사이여도 돈 관계는 철저해야 한다. 사장은 혼자서 회사를 이끌고 가는 게 아니다. 혼자 하는 사업이라고 해도 그 일에 여러 사람의 생계가 이어지게 된다. 실수 한 번으로 자기는 물론이고 회사를 믿고 의지하던 사람들의 삶도 모조리 힘들게 할 수 있음을 잊지 말고, 모든 일과 관계를 철저하게 관리해야 한다.

그리하여 사장은 바쁘다. 늘 사업장을 깨끗하게 정돈해야 하고, 돈 관계도 철저해야 하며, 어느 일 하나 소홀함 없이 처리해야 하기 때문에 몸이 열 개라도 모자란다. 봄에 씨를 뿌리고 가을에 수확을 거두기 위해 온종일 부지런히 일하는 농부처럼.

작은 사업체일수록 실수 한 번으로 모두 무너질 수 있기에, 오늘도 꿋꿋이 걸레로 먼지를 닦고 거래처에 돈을 보낸다. 모든 걸음걸음이 중요하다.

사장은
문제 해결사

한 가족을 책임지는 가장처럼

사장은 자기 가족을 책임지고 먹여 살리는 가장과 비슷하다. 집 안에서 가장 역할이 얼마나 중요한지는 다들 잘 알 것이다. 얼떨결에 가장이 되었다고 하더라도, 그 순간부터는 목숨 걸고 가족을 지켜야만 한다. 사장도 마찬가지다. 충분한 준비 없이 어쩌다가 사장이 되었더라도, 그 자리에 앉는 순간 최선을 다해 회사를 이끌어가야 한다.

하지만 사장은 가장보다 더 냉혹한 조건에 서 있다. 가족은 이익 집단이 아니기 때문에 가장이 제 역할을 못한다고 해서 가족 자체가 와해되지는 않는다. 남편이 가장으로서 책임을 다하지 못하면 아내 또는 다른 식구 누군가가 나서서 가장 역할을 짊어진다. 서로 힘을 합쳐서 어려움을 감당해내려고 애를 쓰는 것이 바로 가족이다.

그러나 회사는 어떠한가? 사장이 리더로서 역할을 하지 못하는 순간, 바로 무너져버린다. 믿음직한 사장 대신 뛰어줄 직원은 없다. 무너질 것이 뻔히 보이는데 누가 그 회사에 남아 있으려고 할까? 대부분은 빠져나갈 궁리를 하게 마련이다. 내가 직원이라도 사장이 책임감도 능력도 없다면 당연히 도망치려고 할 것이다.

그러니 사장은 자기 회사를 책임지는 유일무이한 가장이다. 모든 결정과 그에 따른 책임이 자기 몫이라는 사실을 언제나 가슴에 새기고, 하루하루 제 역할을 다해야만 한다. 그래야 회사가 존속할 수 있다.

가장보다 더 엄중한 사장

내 아버지는 믿음직한 가장은 아니었다. 부모의 결정으로 일찍 결혼해 자식이 태어나 얼떨결에 아버지가 되었다. 군복무를 마치고 돌아왔지만 아버지라는 호칭에 적응이 안 되었던지 마당을 뛰어다니는 딸에게 삼촌이라 부르라고 했다. 가장이 되었지만 자기 힘으로 가족을 먹여 살리기는커녕 부모 재산을 야금야금 축내기만 했다. 도박을 하고 바람을 피우며 가산을 탕진했다.

그러면 가장 역할은 누가 했을까? 바로 엄마다. 엄마는 정말 성실히 일해서 자식들을 책임졌다. 고생스럽게 일한 엄마 덕분에 우리 가족은 헤어지지 않고 어려운 형편 속에서나마 살아남을 수 있었다. 예전에 TV에서 이산 가족 찾기 방송이 나올 때, 우리는 엄마 덕분에 저런 프로그램에 출연하지 않게 되어서 다행이라고 농담을 하기도 했다.

이처럼 가족 안에서 가장의 자리는 다른 구성원이 대신할 수 있다. 그러나 회사라는 조직은 다르다. 사장이 자기 직무를 감당하지 못하면 회사는 역사 속으로 사라지게 된다. 아무리 큰 기업이라도 사라지는 건 순식간이다. 그동안 잘나가던 사장들이 재산을 날리고 가족들이 큰 고통에 빠지는 광경을 여러 차례 목격했다. 직원들이야 힘들어도 자기 먹고살 길 찾아 떠나면 될 일이지만, 사장 가족은 오랫동안 힘겹게 살아가야 한다. 그러니 사장은 자기 가족과 회사의 존속을 함께 책임져야 하는 아주 막중한 의무를 짊어지고 있는 것이다.

잘잘못 따지지 말고 문제 해결부터

이처럼 사장은 누구도 대신할 수 없으며, 한 번 삐끗했다가는 완전히 주저앉을 수 있기에 한시도 긴장을 놓쳐서는 안 되는 자리다. 오롯이 혼자인 것 같지만, 아이러니하게도 사업은 혼자 할 수 있는 것이 아니다. 거미줄처럼 이어진 인간 관계 속에서 사업이 이루어지기 때문이다.

사람들과 함께 일하다 보면 갖가지 문제가 벌어진다. 그럴 때 네가 잘했니 못했니, 잘잘못을 따지기 전에 사장은 문제 해결부터 해나가야 한다. 세상에 되돌릴 수 없는 실수란 없다. 다만 손해가 있을 뿐이다. 손해를 보지 않으려고 저마다 목소리 높여 변명과 자기 합리화를 하지만, 그건 더 큰 손해를 자초하는 일이라고 생각한다.

사장은 정확히 문제를 진단하고 원인을 찾아, 최대한 회사에 유리한 방향으로 상황을 이끌어가야 한다. 자기 외에는 그 문제를 해결할 사람이 없다는 사실을 가슴에 새기고, 크고 작은 난관을 힘써 풀어가야 한다. 그래야 가족도 회사도 살릴 수 있다.

직원을 진짜 가족처럼 소중히 여겨라

회사에 생기는 수많은 문제들 중 가장 대표적인 것이 바로 돈 문제다. 만약 들어오는 돈보다 나가는 돈이 많다면, 사장이 나서서 적자 상황을 벗어나야 한다. 하지만 지출을 줄이겠다고 성급하게 직원을 해고하는 우를 범하지는 말아야 한다. 직원 한 사람이 회사에 와서 자리를 잡기까지 얼마나 많은 시간과 공이 들어갔는가. 힘들게 성장시킨 직원을 지금 당장 사정이 힘들어졌다고 내보낸다면 더 큰 손실이라고 생각한다.

커다란 나무를 보라. 그 나무가 그렇게 성장하는 동안 겨울을 몇 번이나 겪었을지 상상해보았는가. 나무는 얼어 죽을 것 같은 추위를 수차례 견디며 지금까지 살아남았다. 힘들다고 어느 가지는 버리고 어느 가지는 살리지 않고, 다 같이 버텨서 아름다운 봄을 함께 맞이했다.

나도 그런 큰 나무 같은 회사를 꿈꾼다. 그래서 힘들고 어려운 상황이 닥쳐도, 되도록 함께 버텨가려고 노력한다. 이 혹독한 겨울을 잘 보내면 언젠가는 꽃 피는 봄날을 맞이할 수 있으리라 기대하는 마음으로 구성원 한 사람, 한 사람을 가족으로 여기며, 오늘도 유일무이한 가장이 되어 사장의 길을 뚜벅뚜벅 걸어간다.

과정을 즐기며
제대로 하라

지니가 필요해

나에게도 말만 하면 어떤 소원이든 다 들어주는 요술램프 속 지니가 있다면 얼마나 좋을까? 사업을 하면서 어려운 시기를 겪을 때면, 힘들고 고되고 때로는 보람도 없는 사장을 왜 했는지 되묻곤 한다.

저마다 다른 이유로 사장이 된다. 자기가 가장 잘하는 일을 하려고 개업했을 수도 있고, 단순히 돈을 많이 벌고 싶어서 사업을 벌였을 수도 있다. 어쨌든 대부분은 원대한 꿈을 가지고 사업을 시작한다. 하지만 하루하루 일을 해나갈수록 장애물과 문제가 속출하고, 부단히 해결하려 노력해보아도 현상 유지는 고사하고 마이너스 성장만 거듭되면 사는 게 지옥 같다. 이럴 때 지니가 나타나서 싹 해결해주면 좋을 텐데, 지니는 동화 속에만 존재한다.

과정을 즐겨야 계속 갈 수 있다

지금까지 살아온 경험에 비추어보았을 때, 어느 날 갑자기 좋은 일이 일어나는 경우는 없다. 날마다 조금씩 노력하며 오르다 보면 자기도 모르게 정상에 도달해 있는 것이 인생인 듯싶다.

한창 등산을 즐기던 시절이 있었다. 가을에 멀리서 산을 바라보면 어쩌나 아름다운지……. 그 자태에 홀려 산을 오르지만, 좀처럼 정상은 나타나지 않는다. 수없이 오르락내리락 크고 작은 언덕을 넘으며 지쳐서 포기하고 싶은 순간을 견뎌내야 마침내 정상에 오르게 된다.

사업도 마찬가지다. 내가 도달하려고 했던 목표는 보이지도 않는다. 조금 올랐다 싶으면 끝을 모르는 내리막으로 치닫기를 반복하기만 한다. 숱하게 고비를 넘기며 왜 이 길에 들어섰나 후회하고 자책해도 이미 멈출 수 없는 고속도로와도 같은 여정에 들어섰으니 앞으로 가는 수밖에 없다.

내려놓고 싶어도 내려놓지 못하는 진퇴양난. 목표에 도달할 수 있을지 확실히 알 수도 없는 채로, 저 멀리 희미하게만 보이는 목표를 향해 마냥 나아가는 길은 때론 지치고 지루하기도 하다. 그러나 어쩌랴. 그 길밖에는 없는 것을.

어차피 가야 한다면 가는 길을 즐겨야 한다. 돌부리에 걸려 넘어졌을 때는 그 김에 잠시 쉬기도 하고, 다시 일어나 걸으며 길가에 피어난 작은 꽃을 감상하고 위로받으면서, 어디선가 불어온 시원한 바람에 땀을 식히기도 하면서 최대한 즐기면서 가야 계속 나아갈 수 있다.

돈보다 더 큰 가치를 좇아라

많은 사람들이 사업을 시작할 때 부자가 되기를 꿈꾼다. 하지만 돈을 좇아서 사업을 하다 보면 마음이 팍팍해지기 쉽다. 돈은 소금물처럼 마실수록 더 갈증이 난다. 가지면 가질수록 더 많이 갖고 싶어지는 게 돈이다. 돈 욕심은 끝이 없다.

사무실 앞에 복권방이 있다. 토요일만 되면 복권방 앞이 혼잡해진다. 과거에는 나도 혹시나 하는 마음에 복권을 사보곤 했다. 지금은 복권 당첨번호를 확인할 겨를도 없어 그만뒀지만. 복권을 구입하는 사람들을 찬찬히 살펴보면, 의외로 비싼 차를 타고 오는 사람들이 많다. 정말이지 돈 맛을 본 사람이 돈을 더 좋게 되는 것 같다.

나도 돈이 많았으면 좋겠다. 로또 1등에 당첨되면 당장 무엇을 할까? 빚부터 갚고 좋은 집 사서 이사하고 최고급 차도 타야지. 그 다음에는? 여행을 하고 싶다. 맛있는 것 실컷 먹으며 세계 일주를 해야지. 그런 다음엔? 글쎄…… 또 무얼 해야 할까? 딱히 떠오르는 게 없다.

여행도 일상이 되면 특별함이 사라진다. 좋은 집, 좋은 차도 처음에만 좋지 시간이 지날수록 감흥이 사그라진다. 나도 넓은 집에서 화초도 기르고 반려견도 키우며 살아봤다. 비싼 차도 몰아봤다. 그런데 그런 넓은 집과 비싼 차는 유지하고 관리하는 데 엄청난 시간과 수고가 든다. 그리고 결정적으로 그런 물질적인 것들은 내게 참된 만족과 보람을 안겨주지 못했다.

돈? 당연히 먹고살려면 필요하다. 하지만 그 자체가 목적이 되면 인생이 즐겁지가 않고 팍팍해진다. 그러면 무엇에 목적을 두어야 할까? 사람마다 생각이 다르겠지만 나는 다른 사람들과 더불어 상생하기를 꿈꾸면서 일한다.

나에게서 시작된 작은 씨앗이 여러 사람과 더 나아가 사회를 이롭게 할 수 있기를 바라는 마음으로 하루하루 살아내다 보면 돈도 필요한 만큼 채워지리라 믿는다. 바른 목표를 두고 성실히 일하다 보면 돈은 따라오게 되어 있다.

어차피 시작한 거, 차근차근 제대로

사업을 시작했는가? 그렇다면 꿈은 원대하게 가지되, 거기까지 도달하는 동안 일을 즐기면서 나아가라.

모든 일은 중요하고 의미 없는 일은 하나도 없다. 일이 잘 안 풀려서 머리가 복잡하면 몸부터 움직여라. 때로는 몸을 바쁘게 움직여서 머릿속을 비워야 할 때도 있는 법이다. 그렇게 정신이 개운해지고 일에 대한 의욕이 다시 생겨나면 그때 다시 또 일을 풀어나가면 된다.

사업은 어느 날 갑자기 성장하지 않는다. 씨앗이 땅에 심겨 싹을 내밀고 줄기를 뻗어 열매를 주렁주렁 맺기까지는 오랜 시간이 걸리듯 꾸준히 정성들이고 관심을 가져가면서 보살펴야 성장한다. 이제 씨앗을 심어 겨우 싹을 틔웠는데 수확이 없다고 속태우지 않기를 바란다.

학교를 가도 초등학교가 6년이고, 중학교가 3년이다. 흔히들 신생업체의 기준을 창업 3년에서 5년으로 잡는다. 이를 기준으로 해서 여러 단체와 협회에서 운영자금 대출을 해주기도 한다. 그러니까 힘들다고 일찍 접지 말고, 최소 5년은 버티면서 사업을 차근차근 이어갔으면 좋겠다. 하다 보면 결실을 맛볼 날이 반드시 온다.

사업은 사장의 땀과 눈물을 먹고 성장한다. 어차피 들어선 길이라면 열심히 제대로 하는 수밖에 없다. 매일매일 힘을 내어서 꾸준히 목표를 향해 걸어가다 보면, 어느새 목적지에 도달해 있을 것이다.

3장

실수와 좌절을 넘어
성공을 향해

_ 자금관리, 경험, 아이디어

사장의 역할은
돈의 흐름을 책임지는 것

자금 순환이 원활해야 사업이 든든하다

크든 작든 사업을 꾸려나가는 사장은 돈 때문에 늘 이리 뛰고 저리 뛰기 마련이다. 지급 날짜에 돈이 부족하면 적은 금리의 신용보증기금을 비롯해 온갖 대출 가능한 데서 돈을 다 끌어오고, 그렇게 해도 안 되면 카드대출까지 받게 된다. 갚는 것도 문제지만 그건 나중에 생각할 일이고 우선은 제날짜에 돈을 보내야 하니까. 이렇게 돈 때문에 종종거리다 보면 사는 것은 물론이고 마음까지 팍팍해지곤 한다. 그래도 어쩌겠는가. 내 결정, 내 책임인 것을.

사업을 몸에 비유한다면, 돈은 피와 같다. 혈액순환이 잘되어야 건강하듯, 사업도 자금순환이 원활해야 든든하게 오래 갈 수 있다. 나가는 돈만큼 들어오는 돈도 중요하다.

나는 무조건 현금 거래를 철칙으로 삼고 있다. 20대에 맨 처음 공장을 운영했을 때는 대부분 어음으로 거래했다. 3개월짜리 어음이었는데, 일을 해주고 3개월 뒤에야 돈이 들어오는 식이었다. 그런데 그렇게 거래를 하면 중간에 거래처가 부도날 경우, 일해준 돈을 못 받게 된다. 몇 차례 쓰디쓴 경험을 하고 나서는 아무리 좋은 조건이라 해도 어음 거래는 하지 않았다. 불안정한 어음을 받느니 차라리 일을 안 하고 노는 편이 낫기 때문이다.

요즘 우리 회사 거래처는 대부분 사장들이 젊다. 20대 초반에서 40대 정도다. 이 친구들은 거래를 깔끔하게 한다. 일을 해주면 바로 입금하고, 세금도 철저하게 낸다. 이런 사장과 함께 거래를 하기 때문에 나도 언젠가부터 들어올 돈에 대해서는 크게 걱정하지 않게 되었다. 똑같이 사업하는 처지에 그쪽도 나도 날마다 돈과 전쟁을 치르지만, 힘들어도 돈 약속을 철저하게 지키면 이렇게 서로가 편안해지는 것이다.

일방적 갑을 관계에서 합리적 상생 관계로

올해는 예상하지 못했던 전염병의 습격으로 온 세계가 신음하고 있다. 우리 회사도 타격을 입어 원래 50퍼센트 성장을 목표로 잡았는데 지금은 지난해만큼만 유지되기를 바랄 뿐이다. 불행 중 다행이랄까. 우리는 거래처가 대부분 온라인을 기반으로 판매하는 업체여서 형편이 그나마 나은 편이다. 하지만 오프라인 매장에서 판매하는 업체들은 상당히 어려운 상황이고, 그 업체들과 거래하는 공장들도 덩달아 힘든 형편에 처해 있다.

예나 지금이나 일감을 주는 업체의 형편에 따라 하청업체의 존폐가 좌지우지되는 것을 무수히 보게 된다. 일방적 갑을 관계에 놓여 있다 보니, 봉제공장을 운영하는 사장님들은 일감을 주는 본사에서 요구하는 것에 대해 반박할 수가 없다. 그러다 보면 터무니없이 적은 돈에 일을 해줘야 하는 상황이 생기기도 한다.

나도 그런 적이 많았다. IMF 시절에는 쉬지 않고 일했는데도 직원들 월급이 부족해서 여기저기 돈을 빌리러 다녀야 하기도 했다. 도저히 못 해먹겠다 싶어서 과감하게 공장을 정리하니, 남은 것은 빚이었다.

그래서 다시 사업을 시작하기로 했을 때, 과거와는 다른 방식으로 해야겠다고 마음먹었다. 본사에서 일방적으로 오더를 받는 방식으로 하면, 결국은 본사가 갑으로서 정해놓은 가격에 따라야 하고 일감도 주는 대로 받을 수밖에 없다. 그렇게 되면 본사 형편에 따라 자연스레 하청 공장의 형편도 좌우된다.

하청을 받아서 일한다고 하더라도 자생력을 가질 수 있으려면 어떻게 해야 할까? 고민 끝에 우리 회사는 100% 온라인 시스템으로 일감을 받기로 했다. 회사 홈페이지를 통해 제작 단가나 수량 같은 것을 서로 협의한 뒤에 거래를 맺는 것이다. 일방적으로 지시하고 수행하는 관계가 아닌 서로 상생하는 관계를 맺어야 결국 모두에게 좋을 거라는 판단에서 결단한 일이지만 쉽지는 않다. 수시로 시행착오를 겪지만 그래도 꿋꿋이 내 길을 개척해 나갈 뿐이다.

오늘도 사장은 고군분투

어느 정도 회사가 자리를 잡아가고 있는 상태이기는 해도 아직도 앞으로 갈 길이 멀다. 돈 문제를 비롯해 해결해야 할 갖가지 과제가 쌓여 있다.

내가 몸담고 있는 봉제산업계는 나날이 쇠퇴하고 있다. 새로 들어오는 사람은 거의 없고 계속 일하던 기능인들은 점점 노화해 하나둘 은퇴한다. 옷 만드는 일은 100퍼센트 수작업으로 이루어지는데, 앞으로 누구와 일을 계속 해나갈 수 있을지 모르겠다. 일부 대기업에서는 몇몇 부분을 자동화 기계로 처리하기도 하지만, 그런 설비를 모두가 갖출 수 있는 건 아니다. 섣불리 무리한 투자를 했다가, 곤란한 형편에 처한 사장을 여럿 보았다.

　이런저런 고민을 하다 보면 마음이 복잡해진다. 올해는 신용등급을 회복할 수 있도록 회사가 무탈하게 잘 갔으면 좋겠는데, 저절로 그렇게 될 리는 없으니 오늘도 열심히 뛰어야 한다. 지금 힘든 상황은 나만 겪는 게 아니다. 지구 전체가 비상이라 해도 살 길은 반드시 있다. 내가 할 고민과 해결해야 하는 문제를 미루지 않고 정면으로 돌파해가다 보면, 언젠가는 나 스스로가 기적이 되어 있으리라 믿는다.

비수기를 버텨내는
사장의 자세

비수기는 괴로워

어떤 일에든 비수기가 있다. 그 기간이 다를 뿐이다. 봉제업은 봄과 여름, 가을과 겨울이 한 시즌인데, 시즌이 바뀌는 사이가 비수기다. 이때 보통은 다음 시즌에 판매할 견본 작업에 몰입한다. 그러다 보니 공장은 일이 줄어, 봉제사 수입도 줄어들고 회사도 마이너스 성장을 한다. 그 기간이 길면 한 달 이상이다.

올해는 코로나19 바이러스가 가져온 경제 위기로 비수기가 더 길어졌다. 이런 때에 봉제공장을 운영하는 사장으로서 특히 신경 쓰이는 건 바로 기능인들의 이직 문제다. 기능인들은 비수기에 이직을 많이 한다. 지금 있는 회사보다 일감이 더 많고 더 좋은 조건의 새 일터를 찾아 떠나는 것이다. 회사 입장에서는 이 직이 당연히 달갑지 않다. 작업 품질을 유지하려면 손이 바뀌지 않아야 하기 때문이다.

우리가 이사를 하면 그 동네에 새로 적응하는 데 시간이 걸린 다. 직원도 마찬가지다. 아무리 유능한 직원이라도 새로 들어간 회사에 적응하고 회사에서 요구하는 방식대로 일하려면 시간이 걸린다. 더욱이 우리 같은 수작업 공장에서는 기능인 한 명, 한 명이 미치는 영향이 무척 크기 때문에 이직이 더 큰 문제로 다가 온다. 세계적인 불황으로 가뜩이나 힘든 요즘, 비수기 이직 문제 까지 겹치니 말 그대로 첩첩산중이다.

하청의 설움

비수기를 어떻게든 버텨보려고 혼자서 이리 뛰고 저리 뛰지 만 상황은 쉬이 좋아지지 않는다. 사장은 속이 타들어가는데, 직 원들은 그저 태연하게만 보인다. '강 건너 불 구경하나? 돈벌이 안 되면 다른 회사로 이직하면 되니까?' 하는 생각이 들어 야속 하다.

하지만 다른 데로 가봐야 큰 차이는 없다. 당장에 일감이 있다는 점만 다를 뿐, 대부분 공장은 엇비슷한 조건과 환경을 갖추고 있다. 그 일터도 언젠가는 일이 없는 비수기가 찾아올 텐데, 그러면 그때 또 일감을 좇아 이직을 할 건가? 사장이 기본이 되는 사람이라면 인내심을 갖고 일이 다시 들어오기를 기다리는 편이 서로에게 더 좋지 않을까?

그러나 이런 내 바람과는 달리, 기능인들은 여전히 일이 조금 줄었다 싶으면 다른 데로 이직하곤 한다. 오늘날 봉제업에 종사하는 기능인들은 대부분 50~60대로, 전쟁 이후에 태어난 베이비붐 세대다. 이들은 극도로 궁핍한 시절을 살았기에, 노동력이 착취되어도 일할 수 있다는 것만으로 감사하며 엄청난 노동 강도를 견뎌냈다. 그렇게 30, 40년 동안 한 우물을 파서 지금의 기능인이 된 것이다.

일평생 거의 쉬지 않고 계속 일만 해온 사람들이기에 일이 조금 한가해지면 불안해한다. 여가가 주어져도 어떻게 놀아야 하는지 모른다. 인생에 일이 전부는 아닌데, 일감을 찾아서 계속 이동하는 기능인들의 모습을 보면 안타까울 때가 많다.

그런데 일감이 없을 때 불안해하는 건 기능인뿐만이 아니다. 공장 사장들도 불안해한다. 그러면 이들의 불안을 교묘하게 이용하려는 업체들이 단가를 대폭 낮춘 일감을 제시한다. 불안한 사장들은 그런 일이라도 받아서 어떻게든 힘든 시기를 넘겨보려고 한다. 노동 착취를 자처하는 셈이다.

눈앞에 있는 현실에만 집중해 스스로 자신들의 가치를 내려 놓는 일이 비수기마다 반복된다. 아마도 대부분의 하청공장이 겪고 있는 일일 것이다. 이런 안타까운 상황을 바꾸려면 도대체 어떻게 해야 할까? 고민이 깊어갔다.

너를 돕는 게 곧 나를 돕는 것

하청공장의 현실을 누구보다 잘 알았기에 공장을 시작하면 서 나는 이러한 일에 이끌려 다니지 않겠다고 다짐했다. 남의 옷 을 바느질해주는 하청공장에 머물지 않고, 독자적인 자기 제품 도 만드는 회사로 당당히 성장시키겠다고 마음먹었다. 햇수를 거듭할수록 버텨나가기가 만만치 않지만, 뜻이 있는 곳에 길이 있는 법. 의지를 가지고 나아가니 조금씩 내가 바라던 방향으로 만들어져가는 것이 보인다.

나는 거래처와 갑을 관계가 아닌 상생하는 관계를 유지하려 고 노력한다. 제작을 의뢰하는 업체가 잘되어야 우리 회사가 잘 되지 않겠는가. 그래서 상대의 성장을 돕는 게 나를 돕는 것과 같다고 보고, 최대한 그쪽 요구를 받아들이고 문제가 있다면 함 께 해결하려고 노력한다. 물론 사장이라면, 거래를 맺을 때 그 업체가 같이 성장을 도모할 만한 기업인지 선별할 줄도 알아야 한다. 그래서 업체 대표가 어떤 됨됨이를 지녔는지를 유심히 살펴보곤 한다.

사장은 비수기에든 성수기에든 사장이다. 망망대해에서 선장의 판단에 그 배에 타고 있는 사람들의 생사가 좌지우지 되듯이, 사장의 판단에 회사와 직원들의 운명이 걸려 있다. 그러니까 힘들다고, 아무도 알아주지 않는 고생을 한다고 주저앉아 있을 수만은 없다. 일감이 없더라도 믿고 따를 만한 리더가 되도록, 부단히 고민하고 노력해야 한다.

지금은 고생스러워도, 나는 모든 것을 이겨낼 것이다. 비록 열악한 중소기업이지만 언젠가는 반드시 강하고 든든한 기업으로 성장시킬 것이다. 비록 에베레스트산에 오르는 것처럼 너무 힘들고 고통스럽지만, 내가 이루고자 하는 꿈을 마음에 새기며 한 걸음씩 나아간다.

이런 사장,
왜 시작했을까

자유를 얻으려고 시작한 사업

발바닥에 땀 나도록 뛰어다니다 보면 문득 '내가 왜 이러고 있지?' 하는 생각이 든다. 나는 왜, 무엇 때문에 사장이 되었을까.

앞서 이야기했듯이 나는 스물세 살에 처음 공장을 시작하면서 사장이 되었다. 집안 형편이 어려워서 시골에서 초등학교를 졸업한 뒤에 서울로 올라와서 공장에 취직을 했다. 그때가 1977년이었다.

유명 아동복을 만드는 회사에서 여아복 샘플 재봉사로 일하게 되었는데, 고된 업무에 시달리면서도 공부는 몹시도 하고 싶었다. 뒤늦게 야간 고등학교에 입학하고 보니, 퇴근 시간보다 등교 시간이 너무 일렀다. 그래서 생산 담당 차장님께 사정을 이야기하며 일을 조금 일찍 마치고 학교에 갈 수 있게 해달라고 부탁했다. 차장님은 내 말을 듣더니 대뜸 회사의 생산 현장으로 나를 데리고 갔다. 그러고는 한창 일하느라 바쁜 어린 동료들을 가리키면서 이렇게 말했다.

"미스 정! 저 친구들도 모두 미스 정처럼 공부하고 싶어하네. 미스 정에게만 특혜를 줄 수는 없으니 안타깝네."

속상한 마음을 품고 다른 방법을 열심히 궁리해보았다. 그러다가 내가 이 회사의 하청 공장을 차리면, 내 맘대로 시간을 쓸 수 있을 테니 학교에도 갈 수 있다는 생각이 들었다. 사장이 뭔지 1%도 생각하지 않고, 그저 공부를 계속 하고 싶은 마음 하나로 사업을 시작했다.

그러나 현실은 전혀 예상 밖이었다. 자유를 얻으려고 사장이 되었지만, 사장은 인간에게 허용된 아주 기본적 자유조차 내려놓아야 하는 자리였음을 사장이 된 뒤에야 깨달았다.

후회는 없다

사장이 되고 나서, 학교 등교일수를 절반도 채우지 못했다. 우여곡절 끝에 졸업장은 받았지만 수업을 제대로 못 들어서 기초지식을 쌓지 못했다. 공부는커녕 하루하루 해야 할 일과 책임질 일이 너무 많아서 잠도 충분히 잘 수가 없었던 시절이었다. 후회를 골백번도 더 하고는 사업을 접으면서 죽는 날까지 절대로 사장은 안 하겠다고 굳게 다짐했었다. 그런데 어쩌다 보니 흘러흘러 다시 사장 자리에 돌아와 있다. 100퍼센트 내 선택이었기에 힘들 때면 '내 발등 내가 찍었지' 하고 웃어넘긴다.

처음부터 사장이 어떤 자리인지 알았다면 애당초 마음을 접었을 것이다. 하지만 경험해보니 사장만이 맛볼 수 있는 보람과 기쁨, 꿈꿀 수 있는 미래라는 것도 있었다. 사장은 좋은 차를 탈 때도 있고 가끔은 멋진 곳에서 비싼 와인도 마실 수 있으며, 사업이 잘 풀릴 경우에는 '건물주님'도 될 수 있다. 그런 외적인 누림에 더해 숱한 고비를 넘기면서 얻게 되는 내적인 지혜와 노하우까지 덤으로 얹혀 온다. 물론 이 모든 것을 얻으려면 사장으로서 치열하게 살아내야 한다.

직장생활을 하면서 적으면 적은 대로 저축해 집도 장만하고 나름대로 안정적으로 사는 친구들을 본다. 가끔은 그런 친구들이 부러울 때가 있다. 도대체 뭐가 부족해서 나이 예순이 되어도 롤러코스터 타는 것 같은 삶을 사는지, 나도 나를 이해하지 못할 때가 많다. 하지만 어쩌랴, 내가 선택한 길인 걸. 후회는 없다. 사장의 삶은 고난과 역경의 연속이지만, 그만큼 가치가 있다. 그

걸 알고 믿기에 마음을 다잡고 앞으로 또 나아간다.

꾸준히 배우는 사장에게 미래가 있다

사장으로 산 지 어느덧 30년 세월이 지났다. 지금까지 아무리 어려워도 직원들 월급이며, 임대료, 각종 공과금 하나도 빠뜨리지 않고 지급했다. 돈은 많이 벌지 못했어도 남에게 폐 끼치지 않으려 갖은 노력을 기울이며 살았다. 공장을 할 때도, 부동산 중개사무소를 할 때도 신뢰와 신용을 가장 중요하게 생각하며 지켜왔다. 그 덕분에 오래전에 알고 지낸 사람들과도 마주치면 반갑게 안부를 물을 수 있다.

이렇게 꾸준히 사업과 인맥을 이어가는 일은 결코 쉽지 않다. 사업을 하다 보면 예기치 못한 문제들이 늘 나타나는데, 이런 크고 작은 난관을 극복하려면 배움이 필수다. 나는 학교를 다니면서 충분한 배움을 얻지는 못했지만, 그 때문에 더욱 책을 가까이했다. 나는 책이 사람을 성장시킨다고 생각한다. 나도 책 덕분에 당당해지고 나의 권리를 말할 수 있게 되었다.

학교를 졸업하면 대부분은 책과 거리가 멀어지지만, 학교에서 배우는 것은 우리가 살아가는 데 초석일 뿐이다. 졸업은 또다른 시작이다. 사회에 나가 본격적으로 일하며 배우는 것도 중요하지만, 책에서도 배워야 한다. 그래야 치열한 경쟁에서 살아남을 수 있다.

직장생활에서도 지속적으로 배우고 노력하는 사람이 동료보다 빨리 승진할 기회를 얻듯이 사업을 하는 사장도 꾸준히 자기 정진을 해나가야 변화에 적응하고 성공할 수 있다.

우리 회사의 경우, 다른 업체와 구별되는 선택을 했고 그 결과 힘겨운 시기를 그럭저럭 잘 버텨내고 있다. 비결은 간단하다. 사장인 내가 늘 책을 보면서 시대의 흐름을 읽고 지금 겪고 있는 문제 해결의 실마리를 찾았기 때문이다. 책을 보면 세상이 보이고 가야 할 길이 보인다. 꾸준히 배우는 사장에게만 밝은 미래가 있다.

경험이
밥 먹여준다

뜻대로 안 되는 게 사업

인구 대비 자영업자가 가장 많은 나라가 대한민국이라고 한다. 여기저기 발에 채이듯 흔한 사장들을 보면 묻고 싶어진다. 어떤 마음으로 사업을 시작했는지, 준비는 제대로 했는지? 그러면 대부분은 이렇게 답할 것이다. 준비가 뭐 별건가. 돈 있고 아이디어 있으면 되는 거 아닌가. 다들 하는데 나라고 못 할까……

그 말도 맞다. 누구든 할 수 있는 것이 사업이고 사장이다. 그런데 그렇게 시작한 사업이 모두 뜻한 대로 결실을 거두면 좋으련만, 현실은 그렇지 않다는 게 문제다. 첫 시작은 엇비슷하게 했어도 시간이 지남에 따라 누구는 쑥쑥 자라는데 누구는 흔적도 없이 사라져 아무도 기억하지 않는 것이 오늘날 자영업계의 현실이다.

　누구나 성공을 염두에 두고 사업을 시작한다. 손해 보려고 일을 벌이는 사람은 아무도 없다. 하지만 사업을 일단 시작하면, 아무리 작은 규모라고 해도 자신의 재산과 인력, 기술을 모조리 동원하게 된다. 그렇게 다 쏟아부으면 그래도 어느 정도는 소득을 거둘 수 있겠지 하고 짐작하겠지만 천만의 말씀이다.

　최선을 다해도 망할 수 있는 게 사업이다. 모든 일이 그러하듯 사업도 예측이 안 된다. 수도 없이 뜻하지 않은 복병을 만나게 마련이다. 그런 상황에 놓이면 마치 꽉 막히는 도로 한가운데서 운전대를 잡고 노선을 바꿀까 말까 수없이 고민하는 것처럼 극심한 내적 갈등에 빠진다. 그러다 주위 사람들을 탓하는 경우도 있다. 왜 안 말렸냐고 괜히 따지고도 싶을 것이다. 그런 사람에게 말해주고 싶다. 뜻대로 안 되는 게 인생이고 사업이라고 말이다.

모든 선택은 사장의 책임

옷을 아주 잘 알기에 내가 의류 쇼핑몰을 시작하면 반은 거저 먹고 들어갈 거라고 생각했다. 그래서 있는 돈 없는 돈 다 끌어다가 무작정 사업을 다시 시작했다. 반지하의 아담한 사무실을 계약해, 봉제공장을 운영하는 김 사장과 수시로 만나 사업 얘기를 나눴다. 김 사장이 동업하면 제작은 문제 없으니 벌써 성공에 가까이 다가선 것 같은 기분이었다.

그렇게 사업 구상을 하는 동안, 마케팅 강의를 하던 교수 친구가 법인이라는 좋은 제도가 있는데 무슨 동업이냐고 적극 권해서 법인 설립을 하게 되었다.

이때까지만 해도 탄탄대로를 달릴 것처럼 보였다. 공장을 운영하는 주주가 있고, 법인 설립과 상표권 특허며 회사를 운영하는 데 필요한 등록을 모두 도와줄 수 있는 주주도 생겼다. 사무실에 상주하면서 세무 관련 일과 홈페이지 제작, 쇼핑몰 입점 등의 업무를 맡아줄 후배도 있어서 이제는 정말 옷만 잘 만들어서 판매하면 되겠다고 생각했다.

그렇게 어렵사리 제품이 나오고 조금씩 판매를 하면서 뜻하지 않은 문제가 발생하기 시작했다. 자기 일처럼 적극 도와주던 지인들이 본격적으로 자기 일로 착각해 사업에 관여하면서 문제가 생긴 것이다. 다들 저마다 소리 높여 의견을 내놓았고, 그것이 받아들여지지 않으면 부정적인 말을 하면서 의욕을 꺾었다. 사공이 너무 많아서 배가 산으로 갈 지경이었다.

혼란을 크게 겪고 나서야 대표로서 제자리를 찾을 수 있었다. 대표는 자기만의 소신과 원칙을 지킬 줄 알아야 한다. 여기서 흔들고 저기서 흔든다고 뿌리까지 뽑힌다면 한 기업을 이끌 자격이 없는 것이다. 물론 소신과 고집은 구분해야겠지만 말이다.

사장이라는 자리를 선택하는 순간, 고독하고 외로운 혼자만의 싸움의 시작이다. 작은 일은 물론이고 하나부터 열까지 모든 선택은 사장의 책임이다. 다른 사람이나 환경 탓해봐야 아무 소용이 없다. 그저 몸으로 부딪치며 살아남는 수밖에 없다.

실패하다 보면 능력이 생긴다

이처럼 사업은 뜻대로 계획대로 펼쳐지지 않는다. 그저 상황에 따라 이 방법도 해보고 저 방법도 해보면서 우선 살아남아야 한다. 나도 쇼핑몰로 시작했지만 봉제공장으로 방향 전환을 하면서 도중에 포기하고 싶은 순간이 여러 번 있었다. 그 힘든 시간을 다 겪고 지금 여기 있는 것이다.

인생을 연습할 수 없듯이 사업도 연습이 불가능하다. 지금 있는 자리에서 순간순간 최선을 다하는 수밖에 다른 길은 없다. 그렇게 하다 보면, 상황을 판단하는 능력도 생기고 알맞게 대처할 줄도 알게 된다. 처음부터 능력이 갖춰진 프로는 없다. 다양한 상황 속에서 실수도 하고 작은 성취도 맛보면서 경험이 쌓이고, 그러면서 프로가 되어가는 것이다.

과거와 달리, 오늘날 시장은 빠르게 변하고 있다. 사장은 지난 경험을 바탕으로 삼고 변화해가는 시장의 흐름을 탈 줄 알아야 한다. 구태의연한 방식을 고집하면 자기도 힘들고 같이 일하는 사람들도 힘들 뿐 아니라, 시대 흐름을 못 쫓아가 도태될 수도 있다. 어떤 상황에도 알맞게 대처할 수 있는 탄력성을 가지고, 숱한 문제를 해결해나가야 하는 것이 바로 사장이다.

사장? 돈만 있으면 할 수 있다. 하지만 성공하려면 수많은 실패와 경험을 오롯이 겪어야 한다. 그 과정에서 지켜낸 자기만의 소신과 원칙을 가지고 꾸준히 배움을 쌓으며 시대 변화에 잘 대처할 수 있다면 희망찬 미래가 보장되어 있다고 믿는다.

실패를 성장 동력으로
삼아라

고생이 있어야 성공도 있다

오늘날 으리으리한 대기업도 처음은 미약했다. 가난 속에서 숱한 실패와 좌절을 딛고 일어서기를 반복한 결과, 지금의 기업으로 성장한 것이다. 물론 고생하고 싶어하는 사람은 아무도 없다. 그러나 태어나는 순간부터 인생은 고행이라고 하지 않던가. 하물며 누구의 뒤를 따르기 싫어 자신이 개척해야 하는 사업을 시작했다면 고생은 맡아놓은 것이다.

실수 없이 쉽게 가는 길이란 없다. 자기 이름으로 사업자 등록을 마치는 순간 모든 책임을 지고 매일 고생할 각오를 해야 한다. 덜 고생하려고 남이 터를 닦아놓은 자리에 권리금 많이 주고 들어왔다고? 그렇다고 사업이 수월하게 풀릴 거라고 믿는다면 착각이다. 모든 것은 내가 시작하는 그 순간부터다. 누군가에게 아무리 노하우를 전수받아도 그건 내 것이 아니다. 나만의 노하우가 쌓여야 사업을 유지할 수 있다. 물론 자리가 돈을 벌어주는 곳도 있지만 결국엔 자기 경험과 노력이 필수로 들어가야 돈이 된다.

성공은 돈만 쏟아부어서 되는 것이 아니다. 무수한 시행착오를 온몸으로 겪으면서 한 계단씩 오르는 과정인 것이다. 몸 고생 마음 고생을 하루 세 끼 먹듯이 하다 보면 나도 모르게 면역력이 생긴다. 글도 처음부터 잘 쓰는 사람 없고 수없이 쓰면서 달필이 되듯 사업도 꾸준히 노력하고 배워가면서 성장한다.

부족한 경험과 어려운 사람관계

사업을 할 때 가장 어려운 건 경험 부족과 사람관계에서 비롯되는 것 같다. 누구나 경험이 전혀 없는 채로 처음을 시작한다. 나도 아무것도 모르는 상태에서 공장을 차리고 보니 모든 게 너무 버거웠다. 주변에 물어볼 사람도 없고 전부 혼자서 판단하고 책임져야만 했다. 일이 너무 많아도 문제였다. 본사에서 아무리 많은 일거리를 줘도 내가 감당할 능력이 안 되면 아무런 소용이 없었다. 그렇게 첫 사업은 경험 부족으로 고생만 잔뜩하고 1년 만에 사업을 접었다. 그 뒤로 여러 직업을 거쳐 다시 사업을 하고 있지만 여전히 경험은 부족하다. 시대가 쏜살같이 변화하고 새로운 것들이 계속 나오기 때문에 늘 낯설다. 그러므로 사장은 최신 기술과 지식을 꾸준히 배우고 폭넓은 경험을 쌓아야 살아남을 수 있다.

경험만큼 중요하고 어려운 것이 바로 사람관계다. 오랫동안 사업을 하면서 온갖 사람들을 만나봤지만 사람관계는 늘 힘들다. 여기서 사람이란 회사 내 직원뿐만 아니라 거래처, 고객 모두를 포함한다. 사장은 사업과 관련된 모든 사람과 두루 관계를 잘 맺어야 한다. 직원과 마찰이 생기면 작업에 나쁜 영향이 간다. 일이 잔뜩 들어왔어도 일하는 사람들이 따라주지 않으면 소용이 없기 때문에 직원들과 원만한 관계를 맺는 건 무척 중요하다.

거래처 사람과의 관계는 또 어떠한가. 이윤과 직결되기 때문에 당연히 좋은 관계를 맺어야 한다. 만에 하나 문제가 생기면 거래처 사람은 일감을 가지고 권력을 휘두르며 사사건건 트집을 잡으려 하기 일쑤다. 그러니 늘 신중하게 조심히 대해야 한다. 이런 것도 다 수없이 부딪치고 깨지면서 몸소 얻은 지혜다.

실패라도 해보는 게 낫다

아무리 작은 실패라도 겪으면 아프다. 많은 사람이 '실패는 성공의 어머니'라고 말하지만 실패를 경험하고 나면 두 번은 하기 싫다. 그런데 자세히 살펴보면 우리는 하루에도 무수한 실패를 경험한다. 오늘 다이어트를 결심하고 아침, 점심은 가볍게 먹었는데 저녁이 되면 삼겹살이나 치맥이 간절하다. 까짓것 다이어트는 내일부터라고 외치며 오늘이 마지막인 것처럼 배부르게 먹고 다음 날 후회하기를 거듭한다.

또 한 달에 한 권씩 책을 읽겠다고 마음먹고 서점에 들러 과감하게 책 서너 권을 사 온다. 하루이틀 지나면서 책 표지에 먼지가 앉기 시작한다. 읽어야지 하면서 부담만 커지고 나중에는 결국 한 장도 들춰보지 않은 채 자리만 차지하게 된다. 이런 사소한 실패가 우리 일상에 수시로 일어난다. 그저 실감을 못할 뿐이다.

보통 '실패'라고 하면 돈과 시간을 쏟아서 무언가를 했는데 이루지 못하고 빈털터리 신세가 되었을 때만 생각한다. 하지만 일상 속 작은 실패가 사실은 큰 실패를 가져오는 것이다. 이 사실을 간과해서는 안 된다. 무엇을 하겠다고 마음먹었는가? 그렇다면 반드시 실행해라. 실패해도 괜찮다. 생각만 하고 마는 것보다는 실패라도 해보는 게 훨씬 낫다. 다시 일어서면 되니까. 오늘 실패하고 내일 다시 일어서기를 반복하면 조금씩 배우고 성장하게 된다. 많이 실패해본 사람이 그만큼 성공할 가능성도 높다.

상처를 성장 동력으로

그러므로 사업을 시작했다면 엄청나게 깨질 각오를 하는 게 좋다. 무수한 시행착오와 실패를 교훈과 자산으로 삼아 꾸준히 배우면서 앞으로 나아간다면 밝은 미래는 보장되어 있다.

시작 해놓고 생각했던 것과 다르게 재미도 없고 힘들다고 다른 곳에 눈을 돌리면 성공은 멀어진다. 나는 어릴 적부터 호기심이 많아서 일을 자주 벌였다. 그래서 '시작은 잘하는데 끝을 내지 않는다'는 소리를 자주 들었다. 나도 내가 그런 줄 알았다.

초등학교 졸업 후 중학교에 진학하지 못한 나는 비슷한 처지의 친구 한 명과 서로 의지하며 지냈었다. 그러던 어느 날 친구네 집에 놀러 가게 됐는데 친구가 서울로 돈 벌러 간다고 가방을 챙기고 있었다. 마침 그 집에는 동네 아줌마들이 여럿 모여 있었는데 그 중 종갑이 어머니가 혼자 남을 생각에 우울해진 나에게 툭 던지듯 말했다.

"미라는 참을성이 많아서 어디를 가도 잘 있을 텐데, 영순이는 덜렁대고 참을성이 없어서 오래 못 버틸 거여."

그 뒤로 고향을 떠나 서울 생활을 하면서 수시로 집 생각이 났지만 종갑이 어머니의 한마디가 발목을 붙잡았다. 보란 듯이 성공해 그 말이 사실이 아니란 걸 보여주고 싶어서 그만두고 싶어도 꾹 참았다. 그러다 보니 선머슴 같던 내가 꼼꼼해야만 하는 바느질 일을 40년을 넘게 하고 있다.

공부도 포기하지 않고 이어가 끝끝내 스물여섯에 고등학교를 졸업했고 마흔셋에는 공인중개사 시험에 도전해 1년 만에 합격했으며, 쉰다섯에는 쇼핑몰을 시작해 다른 업체와는 차별화된 전략으로 불경기에도 밝은 미래를 만들어내고 있다.

모두 좌절과 실수를 밥 먹듯이 하면서 이루어낸 결과다. 상처는 멀리 있는 사람들에게서 받지 않는다. 가까이 있는 사람들이 나름대로 생각해준다고 한 말이 오히려 힘을 빼고 상처를 준다. 그러나 성공하는 사람들은 상처를 상처로만 여기지 않고 성장 동력으로 이용한다. 그러니 실패하고 상처받았다고 주저앉아 있지 말고 다시 일어서라. '그래? 까짓것 한 번 해보지! 당신 말이 틀리다는 걸 보여주겠어!' 하고 다시 도전해라. 포기하지 않는다면 성공의 문은 언제나 활짝 열려 있다.

남과는 다른 생각이 스스로
우뚝 선 회사를 만든다

24시간이 모자라

내 하루는 새벽 6시부터 시작된다. 어머니를 모시고 살기에 일어나면 아침식사부터 챙긴다. 어머니는 장기요양 5등급을 받은 치매환자로, 올해 아흔 살이 되었다. 고향에서 사시다가 나와 함께 산 지 10년이 넘어간다. 치매는 어머니를 아기처럼 만들었다. 그런 어머니를 아기처럼 보살피는 일이 쉽지 않지만, 그래도 곁에 계셔주셔서 감사하다.

숨가쁘게 준비해 어머니를 주간보호시설에 보내고 나는 출근을 한다. 마음은 책 한 쪽, 신문 한 줄이라도 읽고 싶은데 그럴

여력이 없다.

출근하고 나면 전쟁 시작이다. 여기저기서 이것도 해야 하고 저것도 해야 한다고 불러댄다. 할 일은 많은데 손이 부족하다. 그렇다고 사람을 더 고용하기에는 인건비가 나오지 않기 때문에 있는 사람끼리 부지런히 손발을 맞춘다.

이것저것 처리하고 나면 이제는 작업실을 두고 일하는 봉제하는 선생님들에게 일감을 가져다주러 나가야 한다. 일감을 가져다주고 일이 순조롭게 돌아가도록 온갖 것을 챙기다 보면 하루가 어떻게 지나가는지 모르게 금세 저문다.

업무 때문에 서울 시내를 서쪽에서 동쪽으로, 동쪽에서 남쪽으로 하루에 몇 시간씩 운전해 다니는 날도 많다. 도로 사정이 제각각이라서, 유난히 꽉 막힌 길에 들어서면 마음이 갑갑해진다. 그럴 때면 '그래, 내려놓자. 인생이 이 도로처럼 언제는 내 맘과 같더냐. 때가 되면 풀리겠지' 하고 스스로 마음을 다잡는다. 그러고는 거래처와 미팅 시간도 조절하고 상담도 하면서 그 상황에서 처리할 수 있는 일을 한다. 그러다 보면 목적지에 닿곤 한다.

아마 사장들 대부분이 나와 비슷하지 않을까. 사람을 더 채용하기에는 수입과 지출의 균형이 맞지 않으니 사장이 하루 24시간이 모자랄 만큼 바쁘게 뛴다. 계속 사업을 이어가고, 살아남으려면 그러는 수밖에 없으니 쉬지 않고 앞만 보고 갈 뿐이다.

일이 많고 바쁜 게 사장의 복

이처럼 너무 바빠서 정작 중요한 일을 놓치기도 하고, 좌충우돌 시행착오를 수없이 겪으면서 자리를 잡는 것이 사업이다. 지금 이 순간을 놓치면 자기 자신의 미래는 물론이고 회사도 영원히 사라질 수 있기 때문에 사장은 젖 먹던 힘까지 보태서 달리고 또 달려야 한다. 그렇게 멈추지 않고 최선을 다하면 어느 사이 고생 끝이 보이기 시작하는 것이 사업이다.

사장에게 일 많고 바쁜 것은 큰 복이다. 몸은 하나인데 해야 할 일이 너무 많은 상황이 얼마나 행복한 건지 경험해보면 안다. 일이 없어서 느끼는 고통보다 일이 많아서 몸이 고단한 게 사장에게는 보람이고 기쁨이다. 함께 일하는 기능인 선생님들이 일이 많아서 수입이 많아지면, 사장인 나도 덩달아 기분이 좋아진다. 돈 많이 벌 수 있는 환경을 만들어주는 것도 사장 몫이기에 늘 어깨가 무거워질 수밖에 없다.

사장 한 사람에게 많은 사람의 인생이 달려 있다. 그러니까 늘 부지런하게 움직이며 자기 의무를 다해야 한다. 편안하게 살고 싶다면 사장은 그만둬야 한다. 사장의 삶은 1년 열두 달 전쟁이기 때문에. 승부욕과 성취욕 없이 사장 자리에 오래 있기란 불가능하다.

남들 다 가는 길 말고 나만의 길을 개척하라

사장은 바쁘게 뛰어다니되, 비전을 가지고 새로운 길을 개척할 줄도 알아야 한다. 그저 바쁘기만 해서는 성공을 보장받을 수 없다. 방향을 바르게 설정하는 것이 무엇보다 중요하다. 사업의 방향을 바르게 잡으려면 사장이 자기만의 소신과 철학을 바탕으로 세상의 흐름을 읽을 줄 아는 안목을 가져야 한다.

나는 남들이 가지 않는 길을 선택했다. 언뜻 보기에는 똑같은 봉제공장 같지만, 우리는 단순하게 원하는 옷을 만들어주기만 하는 임가공업체가 아니다. 거래처가 해결하지 못하는 디자인이나 생산 과정의 문제를 함께 고민하며 대안을 제시하는 컨설팅도 겸한다.

당장 돈이 되지도 않는데 굳이 왜 그렇게 하느냐고 물을 것이다. 그러나 거래처에게 자문을 해주고 함께 고민하며 문제를 풀어가는 수고가 내게는 작은 배려이면서 더 나아가 미래를 위한 투자다. 날마다 일터에서 전쟁을 치르면서 깨달은 것은 내가 먼저 상대를 배려하면 나도 언젠가 상대에게 그 이상으로 돌려받게 된다는 것이다. 이처럼 사장으로서 성공하려면 멀리 보고 현재에 투자할 줄도 알아야 한다.

보통 봉제공장은 의류 회사의 하청공장으로 본사에서 일감을 내려주지 않으면 속수무책으로 기다릴 수밖에 없는 구조다. 본사 담당자의 기침 소리가 태풍처럼 느껴지는 게 하청공장의 사장들이다.

이런 관계에 휘둘리지 않으려면 스스로 힘 있고 능력 있는 회사로 서야 한다. 그러기 위해서 사장은 매일같이 전쟁을 벌이면서 공부도 해야 하고 전쟁을 승리로 이끌기 위해 작전도 잘 짜야 한다. 요즘 같은 경쟁 사회에 남들이 장에 간다고 따라가면 안 된다. 남과 다른 생각이 때로는 더 힘든 상황을 만들 수 있지만 도전을 두려워하지 않으면 반드시 방법은 나오게 되어 있다.

4장

잘나가는 사장이
갖추어야 할 자세

_ 신뢰, 비전, 자기 절제

약속을
잘 지킨다

원칙은 사업의 토대

잘나가던 모 업체가 순식간에 무너졌다. '이 정도는 괜찮겠지' 하는 대표의 안일한 생각이 일을 그 지경으로 만들었다. 크든 작든 한 회사가 문을 닫으면, 그곳을 삶의 터전으로 삼던 많은 사람들이 순식간에 오갈 데 없는 처지가 된다.

그러므로 사장은 자기에게 딸린 많은 식구들을 생각하고, 늘 신중하게 판단해 행동해야 한다. 아무리 작고 사소해 보이는 결정이라도 도덕적으로 문제는 없는지, 회사 전체에 어떤 영향을 끼칠지 숙고해보아야 한다.

사장은 사업 전체를 책임지는 사람이다. 그런 사람이 기본 원칙을 무시하면 회사는 토대부터 와르르 무너지게 되어 있다. 사장마다 가지고 있는 원칙은 조금씩 다르겠지만, 나는 약속을 지키고 자기가 한 일에 책임지는 것을 가장 기본으로 두고 사업을 하고 있다. 이것이 흔들리면 폐업의 지름길로 달리게 된다는 사실을 항상 유념하면서 크고 작은 약속과 책임을 최선을 다해 지키려고 노력한다.

사장도 사람이기에 실수를 할 수 있다. 소신과 원칙에 어긋난 일을 저지를 수도 있다. 그러나 정말 중요한 건 잘못을 한 뒤의 자세다. 한 사업체를 이끄는 우두머리라면, 문제를 알아차리는 순간 과감하게 인정하고 바로잡아야 한다. 그래야 희망찬 미래를 꿈꿀 수 있다.

마음속으로 갈등할 수도 있다. '그냥 슬쩍 넘어가도 될 것 같은데, 굳이 끄집어낼 필요가 있을까' 하는 생각도 들 것이다. 그러나 실수를 곧장 바로잡지 않으면, 어느 날 갑자기 커다란 암초가 되어 발목을 잡을지도 모른다. 그러므로 사장은 원칙을 목숨처럼 지켜야 한다.

당장은 손해보는 것 같아도 길게 보면 이득

이런 얘기를 하면 그렇게 꼿꼿하게 원칙을 주장하고 옳은 길만 고집해 언제 돈 벌어서 성공하느냐고 되물을 수 있다. 남들은 적당히 건너뛰고 넘어가는데 도대체 왜 손해를 봐가면서 고생하느냐고 안타까워할 수도 있다.

하지만 손해를 보더라도 지킬 것은 지켜야 한다고 생각한다. 그리고 실제로 경험해보니 원칙을 지키다 보면 금전적인 손해가 발생하더라도 분명히 남는 것이 있었다. 바로 '신뢰'라는 가치다. 눈에 보이지 않는 신뢰가 꾸준히 쌓이면 분명히 커다란 이익을 가져다준다. 당장의 손실이 더 큰 수익을 낳는 것이다.

그뿐만 아니라 사장이 원칙을 지키고 무슨 문제든 과감하게 뛰어들어 긍정적으로 해결하면, 같이 일하는 사람들도 사장의 그런 모습에 좋은 영향을 받는다. 긍정이 긍정을 부르는 것이다.

반대로 사장이 문제가 생겼을 때 해결하는 데 나서기보다는 책임을 회피하고 자꾸 남 탓을 하는 부정적 모습을 보이면, 회사 분위기 또한 부정적으로 변하게 된다. 그런 회사에서는 잘될 일도 자꾸 어그러진다.

그러므로 선택의 갈림길에 섰을 때, 당장 편하고 이익을 보는 쪽보다는 힘들어도 실수를 바로잡고 좋은 관계를 맺는 쪽을 선택해라. 사장의 선택에 사업의 존속과 많은 사람의 생계가 걸려 있다는 사실을 잊지 말아라.

두 번은 없다

인생은 연습의 기회가 없다. 항상 리얼(Real)이다. 그러므로 어떤 일을 하든 매순간 반듯하게, 스스로에게 진실되게 해야 한다. 성공한 인생은 무엇일까? 꼭 부자가 되어야 성공한 것일까? 나는 하루하루 자기에게 주어진 일을 최선을 다해 할 줄 아는 삶이 성공한 인생이라고 생각한다. 번듯한 대기업 사장도, 길거리 노숙자도 결국은 자기 선택으로 그 자리에 있다. 무엇을 선택해 어떤 길로 나아갈지는 오롯이 자기 책임이다.

나는 가족을 책임지지 않는 아버지 밑에서 자랐다. 아버지는 한 번뿐인 인생을 진지한 노력 없이 도박과 술, 바람으로 허비했다. 자기와 가족의 인생을 모두 힘들게 만들어놓고 무책임하게 세상을 떠나버렸다. 그런 아버지 때문에 힘들었던 오빠는 아버지와 다른 길을 선택했다. 그리고 지금까지 어엿한 가장으로서, 작은 사업체의 사장으로서 책임을 다하며 떳떳하게 잘 살고 있다.

나도 오빠와 마찬가지다. 무책임한 사장은 허랑방탕한 가장과도 같다고 생각하며, 늘 소신과 원칙대로 살면서 가족과 직원들을 지켜내려고 노력하고 있다. 내 인생에 연습이 없듯이 지금 내가 몸 담고 있는 회사 역시 두 번의 시작은 없다. 한 번 무너지면 다시 일어날 수 없기에, 힘들고 어려울수록 원칙을 지키며 앞으로 나아간다. 오늘 하루 최선을 다해 문제를 해결하다 보면 어느새 어둡게 드리웠던 구름도 걷히리라 믿으면서.

작은 약속도 충실히 지켜라

코로나19로 인해 극심한 불경기가 이어지고 있다. 수많은 업체가 도산했거나, 그 직전의 위태로운 기로에 서서 겨우 버티고 있는 실정이다.

그런 와중에 우리 회사는 큰 영향을 받지 않고 그럭저럭 사업을 유지하고 있다. 그 비결은, 거래처가 여럿인 데 있다. 대부분 공장은 잘나가는 업체의 일을 전담하다 보니, 그 업체 형편에 민감한 영향을 받는다. 하지만 우리 회사는 첫 제작을 의뢰하는 신생업체부터 어느 정도 자리 잡은 중견업체까지 다양한 업체의 일감을 받는다. 그렇기 때문에 꾸준히 일거리가 있다.

여러 업체와 거래하는 나의 철칙이 있다면, 어떤 일감이든 한결같은 정성을 쏟는다는 것이다. 일거리를 많이 주는 큰 업체든, 1년에 한두 번 올까 말까 한 영세업체든, 일은 똑같이 열심히 한다. 잘 모르는 신생업체의 일이라고 허투루 하지 않는다. 그렇게 작은 일이든 큰 일이든 모두 최선을 다해 해주다 보면, 그야말로 티끌 모아 태산이 된다.

잘나가는 회사 한두 곳만 거래하면 훨씬 수월할 것이다. 하지만 그렇게 하다 보면 본사의 한 마디에 하청업체는 휘청이게 되어 있다. 그리고 오늘날 사회는 같은 물건을 대량 생산하는 흐름에서 소비자 맞춤형의 다품종 소량 생산을 선호하는 쪽으로 바뀌고 있다. 특히 의류업계는 더욱 다양성을 지향하는 소비자들의 요구에 따라 크게 변화하고 있다.

이러한 시대의 요구에 발맞추어 가기 위해 우리 회사는 앞으로도 적은 물량 제작도 꺼리지 않고, 고객과 거래처의 요구에 부응하도록 꾸준히 연구하고 노력할 계획이다.

거래처가 많다 보니 때로는 모두를 충족시키는 일이 버겁다. 그래도 약속만큼은 지키려고 노력한다. 약속이 곧 신용이고 회사의 토대이며 뼈대이기 때문에. 비록 더 힘들고 더디게 가는 길 같지만 조금씩 쉬지 않고 가는 이 길이 결국은 가장 빠른 길임을 잊지 말자.

내적 에너지를
수시로 채운다

긍정적 말이 긍정적 현실을 가져온다

나는 말이 많은 편이다. 오죽하면 초등학교 때 선생님이 내 별명을 '참새'라고 지었을 정도다. 말도 많고 궁금한 것도 많고, 나서는 것도 잘한다. 하지만 불평이나 투정, 부정적인 말은 거의 하지 않는 편이다. 어떤 상황이든 좋은 쪽으로 보려고 하고 남들이 안 된다고 하면, "안 되는 게 어디 있어? 하면 되지! 해보고 말해" 하고 대꾸할 만큼 몹시 긍정적인 사고방식을 가지고 있다.

불평불만이 섞인 말은 그 말을 하는 사람뿐 아니라 말을 듣는 상대방까지 힘을 빼놓는다. 이 사실을 알고 난 뒤로 부정적인 말을 자주 하는 사람을 기피하게 된다. 버릇처럼 투정을 늘어놓는 사람과는 일도 오래 같이하지 않는다. 매일 사장이 해야 하는 일이 얼마나 많은데, 에너지를 빼앗는 사람과 함께할 수 있겠는가.

말이 곧 씨가 된다. 그러니 아무리 괴로워도 힘들어 죽겠다거나 못 살겠다는 말은 쉽게 내뱉지 말아야 한다. 정말 말대로 이루어지는 것을 참 많이 목격해왔다. 좋은 말은 좋은 기운을 퍼뜨리고, 그것이 좋은 결과로 이어진다. 사장은 말 한마디도 긍정적으로, 희망을 담아 건네야 한다. 거기서부터 긍정적 현실이 만들어지는 것이다.

불평불만 대신 현실을 바꾸어가라

친한 후배가 있다. 그 후배는 어릴 때 부모님 사랑을 듬뿍 받으며 부족함 없이 성장했다. 그러다 결혼한 뒤로 삶이 팍팍해졌다. 내가 기억하기로 후배 남편은 단 한 번도 스스로 돈을 벌지 않았다. 그저 부모님 건물에 살면서 임대료를 받아 생활했다.

하는 일 없이 집에서 잔소리만 하는 남편, 내 덕에 산다고 대놓고 눈치 주는 시어머니 사이에서 후배는 자기 세상을 잃어버렸다. 밝고 긍정적이었던 성품도 바뀌어 늘 주눅 든 모습이다.

아이들도 그런 엄마의 영향을 받아 우울한 기운이 많다. 활기차지 않은 아이들을 보고 '지 어미 닮아서 그렇다'고 지적질을 하는 남편과 시어머니 때문에 후배는 나날이 더욱 위축되어가는 것 같다.

그 후배가 유일하게 찾아와 속내를 털어놓는 상대가 나다. 그런데 아무리 좋은 노래도 자주 듣다 보면 질리는데 하물며 볼 때마다 우울한 이야기를 늘어놓으면 얼마나 힘들겠는가. 후배의 하소연을 들어주고 나면 내 에너지도 고갈되어 한참이 지나야 원 상태로 회복되었다. 그래서 미안하지만 요새는 자주 만나기를 꺼리게 된다.

후배의 힘든 심정은 충분히 이해한다. 하지만 인생은 자기가 선택해 만들어가는 것이다. 지금 그대로 사는 것도, 바꾸어가는 것도 결국 본인 선택이다.

마음먹기에 따라서 얼마든지 환경은 바꿀 수 있다고 생각한다. 이런저런 이유를 대면서 행동에 나서지 않는 사람은 실은 자기 삶을 변화시킬 마음이 없는 것이다. 어느 날 갑자기 누군가가 나타나서 내 삶을 뚝딱 바꿔주지 않는다. 날마다 일상 속 사소한 일도 긍정적인 마음으로 생각하며 긍정적 선택을 꾸준히 해야 현실도 좋게 바뀐다.

좋은 기운, 건강한 분위기의 회사를 지향하며

사장으로 살면 온종일 사람들 말 속에서 살게 된다. 힘이 되고 희망 가득한 말만 들으면 참 좋을 텐데 현실은 오히려 반대다. 이것은 이래야 하고 저것은 저래야 한다는, 너는 틀렸고 내가 맞다는 온갖 의견과 주장, 시비에 사로잡히게 된다. 은밀하게 다가와 다른 직원의 뒷이야기를 하는 경우도 많다. 이런 상황에서 사장은 지치고 고갈되기 쉽다.

그럴 때 사장은 어떻게 해야 할까? 우선은 자기 귀에 들려오는 수많은 소리 가운데 필요한 것만 골라서 들을 수 있어야 한다. 말하는 사람의 마음을 최대한 공감해주되, 사장으로서 알아야 하고 해결해야 하는 부분에만 집중하는 게 좋다. 그리고 섣불리 다른 사람의 행동이나 삶을 바꾸려고 하지 않아야 한다. 모든 사람은 보는 관점이 다르다. 자기가 보기에 아무리 좋더라도 다른 사람을 자기 틀에 가두려는 위험한 발상은 그만두어야 한다.

여러 기능인이 똑같은 바지 지퍼를 다는데도 방식은 제각각이다. 그 일을 오래한 경험자로서 좀 더 쉬운 방식을 가르쳐줘도, 쉽사리 받아들이지 않고 대부분은 자기 고집대로 한다. 그런 단순한 일도 확고한 자기 습관에 따라 하는데 사고방식을 어떻게 바꾸겠는가. 그러니 함부로 누구를 가르치거나 지적하지 말아야 한다. 그저 웬만하면 존중하고 격려해주는 편이 낫다.

사장의 생각과 말 한마디, 처신 하나하나에 회사의 미래가 달려 있다. 부정적인 말에 힘 빠지지 않고 지금 그 자리에서 해결할 수 있는 일을 하나씩 해나가면서 함께 일하는 사람들을 따뜻하게 보듬고 간다면 즐거운 앞날이 펼쳐질 것이다.

내적 에너지를 수시로 충분히 충전하라

창업하고 나서 일에 매진하다 보면, 일 말고는 아무것도 할 수 없는 처지에 놓인다. 어느 정도 안정기에 접어들 때까지는 쉬는 날도 반납하고 일에 전념하지만, 갈수록 목표는 멀어지고 일은 끝없이 쌓인다.

그렇기 때문에 사업을 오래, 건강하게 하고 싶다면 잠깐씩 쉬면서 충전하는 시간을 가져야 한다. 일주일에 하루라도 일은 내려놓고, 자기가 가장 좋아하는 일이나 취미에 몰입하다 보면 어느새 스트레스가 빠져나간다. 그렇게 몸과 마음이 회복되면 다시 일에 집중할 수 있다.

이처럼 사장은 충분한 휴식으로 내적인 에너지가 소진되지 않도록 해야 한다. 내면이 안정되어야 일도 잘할 수 있기 때문이다. 마음이 편안하면 왠만한 일로 크게 스트레스를 받지 않는다.

반면에 너무 지치고 힘들면, 그러려니 하고 넘길 수 있는 일도 천둥번개로 받아들여 화를 자초하게 된다. 냉정을 유지하고 어떤 상황에도 침착하게 대처하려면 무엇보다 내면의 여유가 필수다.

그 사실을 잘 아는 나도 사람이기에 종종 실수한다. 그럴 때마다 후회해도 이미 엎질러진 물이다. 내가 한 말과 행동은 이미 멀리 날아가 사람과 사람을 타고 순식간에 퍼지고 있다.

TV 오락프로그램에 나오는 게임 중에 '고요 속의 외침'이 있다. 모두 헤드폰을 낀 채로 맨 앞사람부터 맨 뒷사람까지 주어진 단어를 입 모양만 보고 전달하는 게임이다. 앞사람이 단어를 보고 최대한 정확하게 전달하려고 노력하지만, 사람과 사람 사이에서 말은 전혀 다르게 변해간다.

그 게임을 보면 소문이 얼마나 무서운가 되새기게 된다. 쓸데없는 자책과 공방에 사로잡힐 일을 만들지 않으려면, 사장의 마음에 늘 여유가 있어야 한다. 사장의 몸과 마음이 편안하고 건강할 때, 회사라는 배가 무탈하게 순항할 수 있음을 잊지 말자.

사람 남는
장사를 한다

협력해야 살아남는다

'사촌이 땅을 사면 배가 아프다'는 말이 있다. 어릴 때는 이 말이 이해되지 않았다. 남도 아닌 사촌이 땅을 샀으면 축하를 해줘야지 왜 배가 아프냐고 반문했다. 그런데 살아보니 그 말뜻을 알게 되었다. 가까운 사람이 잘되면 나도 모르게 부러운 마음이 든다. 그리고 나는 그보다 부족한 것 같아 속상해지곤 한다.

같은 부모 아래서 태어난 형제자매도 사는 모습이 천차만별이다. 어린 시절 한 동네에서 같이 자라난 친구들 가운데서도 잘사는 친구가 있는가 하면 궁핍하고 힘든 처지에 놓인 친구도 있다. 한창 성장할 때는 서로 장난도 치고 재미있게 놀았는데, 어느덧 생활수준이 하늘과 땅 차이가 되면 예전처럼 허물없이 지내기가 힘들어진다. 그러면 저절로 조금씩 거리를 두게 되고 나와 형편이 비슷한 사람들하고만 어울려 지내거나 스스로 알아서 고립을 자초하게 된다.

하지만 모든 생명체는 서로 연결되어 있다. 그러므로 함께 협력해야 생존은 물론이고, 성장도 할 수 있다. 그 가운데서 특별히 사람은 더욱 혼자서 살아갈 수 없는 생명이다. 철저하게 사회적 동물이라 할 수 있다. 호랑이나 사자처럼 날카로운 이빨과 발톱도 없이, 추위를 막아줄 털도 없이 태어난 인간이 오늘날 지구상의 동식물을 다스리는 위치에 있을 수 있었던 비결이 무엇인가? 바로 서로 협력했기 때문이다.

혼자서는 절대로 할 수 없는 일이라고 해도 여럿이 뭉쳐 다함께 도전하면 가능해진다. 사업도 마찬가지다. 혼자 하는 것보다는 둘이 하는 게 낫고, 둘보다는 셋이 하는 게 더 낫다. 사업을 성공시키려면 함께 일하는 동료들, 관계자들, 협력업체 등 사람들과 잘 협력할 줄 알아야 한다. 그래야 살아남을 수 있다. 나 혼자 잘 먹고 잘 살겠다는 마음으로 임해서는 원하는 성공을 할 수 없을 것이다.

스치는 인연이라도 소중히

그렇다면 사업에서 협력은 어떻게 이루어지는가? 우선 함께 일하는 사람들과의 관계를 생각해보자. 혼자서 시작한 사업이라도 일이 많아지고 사업 규모가 커지면 점점 더 많은 사람을 필요로 하게 된다. 100퍼센트 혼자 일할 수 있는 경우는 흔치 않다. 대부분은 직원이나 아르바이트 일꾼을 하나둘 채용하게 된다.

그러면 얼마 동안이 되었든 함께 일하는 사람에게 최대한 잘 해줘야 한다. 안 맞으면 다시 안 보면 그만이라며 함부로 대하지 말아야 한다. 사장은 자기에게 오는 모든 인연을 소중히 여길 줄 알아야 한다. 스치듯 만난 인연이 회사를 살릴지 누가 알겠는가.

다음으로 거래처와의 관계를 생각해보자. 모든 일은 관계 속에서 이루어진다. 성실하게 일하는지, 그저 대충 하는지 돈을 지불하는 업체는 금세 알아차린다. 그렇기 때문에 상대가 의뢰한 일을 온 정성을 쏟아서 제대로 해주어야 한다. 괜히 너무 많은 공을 들이느라 시간과 돈을 허비하는 것 같지만, 그 길이 신뢰를 쌓는 길이고 온전한 성장으로 향하는 길이다. 그러니 작은 거래도 최선을 다해 정성껏 임해야 한다.

사업의 성공과 실패는 사장이 사람들과 어떤 관계를 맺느냐에 달려 있다고 해도 과언이 아니다. 진정성을 가지고 크고 작은 인연을 모두 소중히 여기며, 상대의 요구를 최대한 충족시켜주려고 노력해야 성공할 수 있다.

사람 남는 장사를 하라

사업도 사람이 하는 일이다 보니, 시시때때로 실수가 발생한다. 사장도 직원도 실수할 수 있다. 오히려 실수를 통해 배우고 성장할 수 있기 때문에 그 또한 소중하다.

그러므로 실수가 생겼을 때에는 잘잘못을 따지며 힘을 빼기보다, 있는 그대로 인정하고 무엇이 어긋났는지 정확히 진단 후 빠르게 수습하는 게 중요하다. 서로에게 책임을 떠넘기며 어영부영 하다가는 사업도 인간관계도 다 실패하게 되므로, 정신 바짝 차리고 성실하게 문제 해결에 임해야 한다.

나 또한 그런 일이 있었다. 그때 내가 실수에 대해 시비를 따지고 책임을 떠넘겼더라면 일하는 기능인들과도 관계가 나빠지고, 제작을 의뢰한 업체와도 신용을 쌓을 수 없었을 것이다. 그러나 신속하게 실수를 인정하고, 의뢰 업체가 요구하는 대로 처리해준 덕분에 오히려 신뢰가 돈독해졌다. 비록 금전적 손해는 봤지만 거래처가 남았다. 결국 사람 남는 장사를 한 것이다.

사람이 돈 벌어준다

봉제 일은 대부분 100퍼센트 수작업으로 이루어지기 때문에 우리 회사 지출 가운데 인건비가 가장 큰 비중을 차지한다. 매일 여러 사람에게 적지 않은 비용을 줘가면서 일을 맡기다 보면, 자연스레 일하는 사람의 태도를 살펴보게 된다. 같은 일이라도 애착을 가지고 적극적으로 하는 사람이 있는가 하면, 적당히 시간 때우기 식으로 하는 사람도 있다.

일용직 노동자도 프리랜서 사장이다. 일로써 자기 가치를 보여주어야 쉬지 않고 일할 수 있다. 일을 맡기는 입장에서는 당연히 최선을 다해 일하는 사람을 다시 찾게 된다. 사람이 사람을 알아보는 것이다. 일 잘하는 사장은 능력 있는 일꾼을 알아본다. 탁월한 일꾼은 사업에 좋은 영향을 끼치게 마련이고, 그러면 사업은 그만큼 성장하게 된다.

사람이 돈을 벌어다주는 것이다. 그러므로 사장은 무엇보다 사람을 소중히 여겨야 한다. 함께 일하는 사람들이 잠재력을 발휘할 수 있도록 격려하고 배려해야 한다. 거래처와의 관계에서도 마찬가지다. 자기 이익만 고집하는 회사와는 두 번 다시 거래하고 싶지 않을 것이다

그러므로 먼저 주고 나중에 받는 관계가 좋다. '네가 주면 나

도 줄게'라는 식으로 하다 보면 주변에 사람이 없다. 지금 당장
은 손해 보더라도 먼저 베풀다 보면 분명히 남는 게 있다. 돈 아
니면 사람이라도 남는다. 그리고 그 사람이 나중에 내 사업에 더
큰 이익을 가져다줄 것이다.

자기 감정을
다스릴 줄 안다

사장은 외롭다

"정 대표는 의외로 단순해."

우리 회사 초창기부터 함께해온 재봉사 선생님이 하는 얘기다. 4년 넘도록 가까이서 나를 지켜보면서 그런 생각이 들었나 보다. 주중에 늘 바쁘게 움직이고 주말이면 카메라를 챙겨 길을 떠나는 나를 보면서 주위 사람들은 내게 친구가 많을 거라고 생각한다. 물론 친구도 많고 지인도 많지만, 사람을 자주 만나는 편은 아니다. 친한 친구도 1년에 한 번 볼까 말까 한다.

사장이 되고 난 뒤로 혼자 있는 경우가 많아졌다. 왜냐하면 사장은 혼자서 고민하고 결정해야 하는 일이 많은 자리이기 때문이다. 누구하고 의논해서 해결될 일은 큰 문제가 아니다. 정말로 답답하고 풀리지 않는 문제는 오롯이 스스로 생각해 결정할 수밖에 없다. 그런 문제가 생기면 나는 골방에 들어앉거나 무작정 나와서 몇 시간 동안 차를 몰든 잠깐 일터와 거리를 두고 고민할 시간을 가진다.

중요한 결정일수록 상황을 객관화해서 보아야 한다. 그러려면 마음에 여유가 필요하다. 눈앞에 있는 문제에만 너무 몰입하다 보면 마음이 급급해지고 판단력이 흐려져 소탐대실의 결과를 자초할 수도 있다.

그렇기 때문에 잠시 회사에서 나와 여유를 가진 뒤에 다방면으로 고민한다. 지금보다 더 안 좋은 상태를 머릿속으로 그려보기도 하면서, 대부분의 경우에는 당장 조금 손해 보더라도 멀리보면 이득이 되는 쪽을 선택한다. 혼자 고민하고 혼자 결정해야하는 사장은 역시나 외롭다.

아무도 몰라줘도 사명감을 가지고

때때로 출근하기가 무섭게 뜨거운 팬 위에 올라가 있는 듯한 상황이 전개된다. 사소한 일로 다투며 서로 책임을 전가한다. 이럴 때면 정신이 혼미해지면서 다투고 있는 직원들에게 원망스러운 마음이 든다. 자기 일 하나 제대로 책임지지 못할 거면 도대체 그 자리에 왜 있느냐고 퍼붓고 싶다. 하지만 이런 마음을 꾹참고 평정심을 되찾으려 노력한다.

사장의 목소리가 커지면 상황이 더 안 좋아지기 때문이다. 문제를 해결하기보다 오히려 더 키우는 결과를 초래할 수 있다. 그러므로 사장은 어떤 상황에서도 자기 감정을 다스릴 줄 알아야 한다. 속에서는 화병이 생기더라도 겉으로는 평정심을 유지해야 한다. 아무리 나 혼자 잘 먹고 잘 살자고 이러는 게 아니라고 항변해도 공감해줄 이는 없다. '결국 돈 벌려고 사장 하는 것 아니냐'는 냉정한 답이 돌아올 뿐이다.

물론 돈 벌려고 사업 시작했다. 그러나 어느 정도 규모가 커지고 직원들이 늘어나면 사명감으로 하게 되는 것이 사업이다. 사장은 직원들이 먹고살 수 있을 만큼 안정된 수입을 보장하는 직장이 되도록 부단히 뛰어다닌다. 비록 아무도 못 알아준다고 해도, 사장으로서 져야 할 책임을 소홀히 할 수는 없다. 외롭지만 마음속 깊이 자기만의 사명감을 새기고, 오늘도 내일도 사장은 달린다.

정글 한복판에서 홀로서기 하는 늑대처럼

사업을 하다 보면, 세상이 정글처럼 느껴진다. 인간 세상이 동물 세계와 다를 것이 별로 없다. 힘 있는 자는 자기 영역을 공고히 지키며 비교적 여유롭게 사냥하지만, 이제 막 홀로서기를 시작한 새끼 늑대는 자기 터전을 세우기 위해 외로운 여정을 떠난다. 비슷한 처지에 있는 다른 늑대와 싸워서 이기면 부하로 거느리게 되고, 지면 자기가 그 밑으로 들어가야 한다. 그렇게 새로운 무리가 생겨나고, 그 무리를 이끄는 우두머리는 자기 자리와 무리를 지키기 위해 매순간 고군분투한다. 그 모습이 우리가 살아가는 세상과 똑같다.

날마다 대기업과 중소기업이 서로 맞물려 날마다 자기 영역을 지키기 위해 싸우는 모습을 본다. 대기업이든 중소기업이든 우두머리인 사장은 그 자리를 지키느라 자기 자신과 세상과 고독한 싸움을 벌이고 있다. 지금까지 어렵게 키운 회사를 기필코 지키기 위해 편법도 불사하고 속임수를 쓰기도 한다. 그러다가 순식간에 나락으로 떨어지기도 하지만……. 사장은 약육강식의 논리가 판치는 정글 같은 세상에서 자기 회사와 직원들을 지키기 위해 온 힘 다해 전쟁 중이다. 그 사실을 잊지 말고 매 순간 정진해가라.

사장, 고독을 즐겨라

한 사람의 직원이라도 지키기 위해 이리 뛰고 저리 뛰지만 알아주는 사람 하나 없다. 힘들다고 도와달라고 하면 도와줄 것 같은가? 천만에! 상대는 기회라고 생각하고 오히려 뒤에서 공격해 올 것이다. 약한 모습을 보이는 순간 허를 찔린다.

허허벌판에서 홀홀단신으로 하는 이 고독한 싸움을 어차피 해야 한다면 즐기는 수밖에 없다. 사장은 고독을 즐겨야 한다. 아무리 힘들어도 활짝 웃으며 일터에 활기를 불어넣어야 한다.

사장이 힘 있고 당당하게 버티고 있어야 직원들이나 거래처가 사장을 믿고 일감을 주고 일한다. 아침부터 사장이 죽상을 하고 있으면, 회사 분위기가 어떻게 되겠는가. 어렵다고 징징대면 직원들은 일터를 옮길 준비를 하게 된다. 더 있다가는 월급은 물론이고 퇴직금도 못 받고 나가게 될 게 뻔한데, 나라도 당장 이직하고 싶을 것이다.

그러니 사장은 주머니에 만 원이 없어도 100만 원이 있는 것처럼 당당하게 행동해야 하고, 울다가도 회사에 들어가거나 거래처와 미팅을 할 때는 활짝 핀 얼굴을 해야 한다. 이와 같이 때로는 연예인처럼 연기할 줄도 알아야 하는 것이 사장의 자리이다.

언제나 밝고 힘 있어 보이는 사장은 안 되는 일도 되게 한다.

부정적인 잔소리 대신 힘 내라는 한마디가 작업의 불량률을 줄인다. 내가 어떤 마음과 태도로 일하느냐에 따라 사업의 성패가 갈린다. 고독하더라도 밝게, 힘들더라도 자신 있게 하루하루 보내다 보면, 든든한 기업의 우두머리로 우뚝 설 날이 올 것이라 믿는다.

취해도
취하지 않는다

삶의 고비마다 친구가 되어준 술

나는 애주가다. 소주 석 잔이 딱 좋지만 한 병까지는 마셔도 괜찮다. 거기서 더 마시면 취해서 말이 헛나온다.

내가 술을 좋아하는 건 아버지 영향을 받아서인 것 같다. 기억 속 아버지는 거의 항상 술에 취해 있었다. 그렇다고 주사가 있어서 가족을 괴롭히지는 않았던 것 같다. 내게 술에 대한 거부감이 크게 없는 걸 보면 말이다. 대신에 나는 화투는 절대로 하지 않는다. 아버지 전공이었던 화투 때문에 온 식구가 너무 힘들었으니까.

어릴 적 어머니가 집에서 술을 담그던 기억이 난다. 막걸리는 기본이고 소주도 손수 내려서 할아버지와 아버지에게 드렸다. 부엌 한 구석 커다란 항아리에 담겨 있던 술을 한 주전자씩 퍼다 드리던 기억이 난다. 아버지는 그 술을 혼자서 마시기보다는 안줏거리를 차려서 이웃 어르신들과 함께 즐기기를 좋아했다.

내가 술을 처음 마신 건 스무살 때였다. 그때 아버지가 따라 줘서 처음으로 소주 맛을 보았다. 술에서 풀 냄새가 났다. '이런 걸 도대체 왜 마실까?' 이해되지 않았다. 그 뒤로 쭉 술을 안 마시다가, 스물여섯 살쯤에 우연히 친구들과 마시게 된 술이 지금까지 나와 함께하고 있다. 한때는 멋 부리듯이 마시던 술이 크고 작은 삶의 고비를 넘으면서 더없이 친한 친구처럼 되었다.

사장, 취해도 취해지지 않는 직업

내게는 독특한 술버릇이 있다. 바로 취한 채로 밀렸던 집안일을 하는 것이다. 청소와 빨래, 반찬까지 모두 완벽하게 해놓고 나서야 잠자리에 든다. 그러고 나서 아침에 일어나면, 눈앞의 광경에 깜짝 놀란다. '어? 내가 언제 이걸 다 했지? 어젯밤에 무슨 일이 있었지?' 하며 놀라는 것이다.

뒤늦게 다시 사업을 시작한 뒤로 술버릇이 하나 더 생겼다.

밤중에 퇴근해 술을 마셔도 일 생각에 계속 긴장해 있는 것이다. 아무리 취해도 할 일을 미루고 있으면 불안해서 잠을 못 이룬다. 그래서 결국, 어머니가 깨지 않도록 귀신처럼 조용히 다니며 일을 본다.

사장의 하루는 전쟁 같다. 매일 해야 하는 일을 문제 없이 처리하기 위해 온종일 뛰어다닌다. 그 과정에서 함께 일하는 사람에게 쓴소리를 해야 하는 경우가 생기기도 한다. 사장도 사람이기에 다른 사람에게 잘못된 점을 지적하고 다시 하라고 말하는 일이 괴롭다. 그러나 그 또한 사장이 반드시 해야 할 일이기에 묵묵히 해낸다.

꼼꼼하게 검수해서 제품을 납품한 뒤에도 마음을 놓을 수 없다. 아무리 주의 깊게 확인했어도 놓친 실수가 있을 수도 있기 때문이다. 그 실수가 거래처 담당자나 고객의 눈에 띄어서 반품 요청이 들어오면, 정말이지 쥐구멍이라도 숨고 싶을 만큼 부끄럽다. 고스란히 책임을 지고 다시 제작하는 일을 몇 차례 겪다 보면 더욱 더 신경이 곤두선다.

그렇게 온종일 일을 하고 퇴근해 집에 돌아오면, 몸은 천근만근이 되어 늘어진다. 좀 편안히 잠들고 싶어서 술을 찾지만, 한 잔 두 잔 마셔도 일 생각이 머릿속에서 떠나질 않는다.

사장이란 것이 뭔지, 술에 취해도 취해지지 않는 처지가 되었다. 혼자서 결정하고 책임질 일이 너무 많아서, 그 중압감이 술로는 잠재워지지 않는다. 더는 전처럼 술을 즐길 수 없게 되었으니, 그만 마실 때가 된 것도 같다.

긴장을 늦추지 마라

사장은 이처럼 고독하며 막중한 책임을 지고 있는 자리다. 그러나 힘들다고 긴장을 늦춰서는 안 된다. 계속 사업을 이어가고 성장해나가려면 해야 할 일은 제때 해야 하며, 져야 할 책임도 제대로 져야 한다. 때로는 벅차고 힘겹지만, 모든 일 마음 먹기에 달려 있다고 하지 않는가? 힘들다고 생각하면 한없이 힘들지만, 이 까짓것 아무것도 아니라고 생각하면 또 가볍게 지나가기도 한다.

오래전 직공으로 일했던 공장의 여자 사장님이 생각난다. 사장님이 카리스마가 있어서, 나름 배짱 있던 나도 기가 눌렸었다. 당시에는 제 날짜에 납품하기 위해서 밤샘 작업을 하는 일이 잦았다. 그럴 때마다 사장님도 함께 밤을 새면서 현장을 세세히 감독했을 뿐 아니라 직원들 밤참까지 만들어 먹이며 독려했다. 그 덕분에 고단한 일이었지만 보람을 느끼며 즐겁게 일할 수 있었다. 공장 분위기가 좋았기에 일도 잘 풀렸고 사장님은 '수출의

날'에 상을 받기도 했다.

　사장님은 자기가 해야 할 일을 결코 남에게 떠넘기거나 미루지 않았고, 굳이 할 필요가 없는 수고까지 자처했다. 그렇게 돈과 시간, 수고를 쏟아부은 결과, 사업을 든든히 이루어갈 수 있었던 것이다. 사장이 노력하고 정성을 기울인 만큼 사업은 성장하게 되어 있다. 비록 오늘 밤도 일 걱정에 잠 못 이루고 뒤척이지만, 언젠가 펼쳐질 밝은 미래를 꿈꾸며 마음을 다잡아본다.

1퍼센트 가능성에도 최선을 다한다

자잘한 거래처가 큰 거래처 된다

우리 회사는 거래처가 여러 곳이다. 그러다 보니 날마다 정신없이 바쁘다. 사람들은 내게 '큰 거래처 한두 곳 일만 받으면 훨씬 편할 텐데, 왜 돈도 안 되는 자잘한 회사들 일을 다 해주느라 고생하느냐'고 말한다.

하지만 나는 다르게 생각한다. 사업을 하다 보면, 많이 남는 경우도 있고 적게 남는 경우도 있다. 이윤이 적은 일이라고 피하지 않고, 성실히 임하다 보면 나중에 더 큰 수입을 가져다주는 날이 온다. 그때를 위해서 씨앗을 심듯이 작은 신생업체 일을 받는다.

물론 신생업체와 거래하는 일은 쉽지 않다. 그런 업체는 제작 전반을 잘 모르기 때문에, 함께 논의하고 고민해야 할 부분이 아주 많다. 시간과 수고를 많이 들여서 제품을 만들어도, 대부분은 소량 제작이기에 크게 수익이 나지는 않는다.

그러나 사장은 단 1퍼센트의 가능성에도 최선을 다해야 한다. 지금은 규모가 작아도, 언젠가 크게 성장해 우리 회사에 든든한 버팀목이 되어줄 수도 있기 때문이다. 실제로 그런 회사들을 많이 보았다. 처음에 우리 회사에 일을 의뢰할 때는 막 시작한 작은 업체였는데, 같이 손발 맞추어 일하다 보니 어느새 직원 여럿 둔 탄탄한 기업이 되는 경우를 여러 차례 목격했다. 작은 씨앗이 자라나 열매를 많이 맺는 커다란 나무가 된 것이다.

그러므로 사장은 작은 거래처의 자잘한 일이라고 허투루 여길 수 없다. 모든 거래처가 성공할 잠재력을 지녔다고 보고, 최선을 다해 일해주는 동반자가 되어야 한다. 그래야 그 업체가 성장할 때 우리도 같이 성장할 수 있다.

같이 노력하다 보면 분명히 남는 게 있다

우리 회사도 처음에는 작은 신생업체였다. 지금은 어느 정도 자리를 잡았지만, 이렇게 되기까지 우리와 같은 신생업체 덕을 많이 봤다.

소량을 제작하는 일에는 인건비가 두 배는 들어간다. 그렇기에 대부분 공장에서는 그런 일을 기피한다. 그렇지만 그런 일도 누군가는 맡아줘야 한다는 생각에 힘들어도 마다하지 않고 해나갔더니, 코로나19 시대에 오히려 놀지 않고 바쁘게 일할 수 있게 되었다. 작은 업체들이 우리 회사를 성장시켜주고 있는 것이다.

소량 작업도 이윤이 적게나마 생긴다. 그 일거리 덕분에 여러 사람이 일할 기회를 갖게 되니, 그것만으로도 의미가 있다. 공장 입장에서는 많은 수량을 만들면 좋겠지만 그렇지 않더라도 최선을 다해 작업해주어야 한다. 아무리 사업을 돈 벌려고 시작했더라도 상대가 존재해야 나도 있는 것이다. 함께 머리를 맞대고 고민하다 보면 어느새 동반 성장을 이룰 수 있는 날이 온다.

지난 세월 작은 업체를 무수히 상대하다 보니 나름 노하우가 생겼다. 자문을 하고 방법을 제시하는 일이 예전만큼 어렵지는 않다. 제작을 의뢰하는 쪽에서 어려움과 문제가 있다면 함께 풀어나가야 한다. 그 업체의 일을 우리 일이라고 생각하고 같이 머리 맞대고 고민하며 문제를 해결하다 보면 우리도 경험과 지혜가 생기고 그 회사도 성장할 수 있게 된다. 같이 노력하는 일이 어리석어 보일지라도 나중에는 더 큰 보답으로 돌아온다.

작은 가능성에도 최선을 다하라

그러므로 사장은 멀리 내다볼 줄 알아야 한다. 당장에는 커다란 이익을 가져다주지는 못하는 일이라도 길게 보았을 때 이득이 된다면 충실히 해내야 한다. 우리가 돈과 시간을 들여 공부하는 것도 자신의 미래를 위한 투자다. 이와 같이 사장도 회사의 미래를 위해 투자할 줄 알아야 한다. 그 투자란 바로 단 1퍼센트의 가능성에도 최선을 다하는 것이다.

사업을 하다 보면 힘든 시간이 무수히 많다. 인생은 드라마나 영화가 아니다. 영화처럼 한두 시간 안에 상황이 정리된다면 얼마나 좋을까? 그러나 현실은 지루한 순간의 연속이다. 그저 매 순간 할 일을 하며 한 걸음씩 나아가는 수밖에 다른 길은 없다. 하나 성공하면 또 다른 문제가 나를 기다리지만 그렇게 하나씩 해결해가는 과정이 인생인 것이다.

성공하고 싶은가? 잘나가는 기업체의 사장이 되고 싶은가? 진짜 성공은 돈으로 되지 않는다. 진정한 성공은 작은 성취가 쌓여서 이루어진다. 날마다 조금씩 성장해나가다 보면 어느 날엔가 자기가 꿈꾸던 삶에 도달해 있을 것이다.

5장

혼자 하는
사업은 없다
_ 1인기업, 자립성, 민첩함

1인기업이
성공하려면

혼자일수록 준비가 필요해

우리 회사에 옷 제작을 맡기러 오는 업체 가운데 30퍼센트가 1인기업이다. 이런 업체의 사장은 옷을 좋아해서 의상디자인을 전공한 뒤 직접 창업했거나 다른 의류회사에서 일하다가 독립해 나온 경우가 대부분이다.

돈을 벌기 위해서든 옷이 너무 좋아서든, 일단 사업을 시작했다면 제대로 해야 한다. 혼자니까 적당히 할 생각인지 모르겠지만, 다른 업체들은 그 일이 바로 생업이다. 많은 사람들의 생계가 달린 일에 뛰어들면서 안일한 마음자세로 임한다면 자기 자신도 성공할 수 없고, 다른 이들에게 폐만 끼칠 뿐이다.

충분한 준비를 하지 않은 상태로 창업에 뛰어드는 건 그야말로 무모한 도전이다. 잘되면 좋고 아니면 경험이라도 쌓겠지, 라는 느슨한 정신 상태로 하면 아무리 작은 일이라도 결코 이룰 수 없다. 하물며 사업이라는 건, 시작하는 순간 자기가 가진 것이 많든 적든 전부 다 쏟아부어야만 하는 일이다. 장난이 아닌 것이다.

그렇다면 무엇을 준비해야 하는가? 먼저 자기가 창업하려는 분야에 뛰어들어 충분히 배움을 쌓는 것이 필수라고 본다. 그 분야에서 일하면서 다방면으로 경험하고 창업을 준비해야, 실전에서 실수가 적을 것이다.

아무것도 모르는 상태로, 돈과 빈약한 아이디어만 가지고서 시작한다면 결과는 불 보듯 뻔하다. 그러니 충분히 배우고 해보고 나서 신중하게 준비해 창업하기를 권한다. 풍부한 배움과 경험이 사업 성공을 위한 최고의 투자라고 생각한다.

협력을 잘해야 성공한다

오랫동안 준비해 드디어 창업을 했다고 치자. 그 뒤로 사업을 잘 이끌어나가려면 어떻게 해야 할까?

나는 1인기업이 다른 업체와 협력을 잘해야 성공할 수 있다고 본다. 혼자 시작했더라도, 사업은 수많은 사람들과 함께 이루어갈 수밖에 없다. 그러므로 자기가 할 수 있는 일과 할 수 없는 일을 구분해, 자기는 자기 일에 전념하고 다른 일은 그 일을 가장 잘하는 전문가에게 맡길 줄 알아야 한다. 각자 위치에서 최선을 다하며 신뢰 속에서 협력해나가야 사업이 순항할 수 있다.

이처럼 1인기업으로서 협력을 잘해서 성공한 예와 실패한 예를 최근에도 목격했다. 실패한 예를 먼저 소개해보자면, 한 청년이 옷을 너무 좋아해 직접 만들어 입다가 주위 사람들 권유로 창업까지 하게 되었다. 그는 주로 명품을 사 입다가 '내가 한번 만들어볼까?' 하는 생각에 고급 원단을 구입해 어렵사리 자기가 구상한 대로 옷을 만드는 데 성공했다. 그걸 입고 찍은 사진을 블로그에 올렸더니 여기저기서 판매 제의가 들어왔다. 그래서 몇 개 만들어 팔았고, 별것도 아니라는 생각이 들어 자체 제작에 뛰어들기에 이르렀다.

그러나 막상 본격적으로 시작해보니, 자기가 생각했던 것만큼 옷이 잘 만들어지지 않았다. 그래서 여러 업체를 전전하다가 우리 회사까지 오게 되었다. 그 청년과 함께 몇 차례 일하면서 발견한 문제점은 마음만 앞섰지 준비가 전혀 되어 있지 않다는 점이었다. 그는 자기가 꿈꾸는 그대로 옷이 제작되기만을 원할 뿐, 실제로 옷이 어떻게 만들어지는지 잘 몰랐고 무엇보다 다른 사람들과 협력하는 법을 몰랐다. 그래서 안타깝지만 더는 함께 할 수 없다는 생각에, 더 준비해서 다시 오라고 돌려보냈다.

1인기업으로 똑같이 시작했지만 협력을 잘해서 지금은 직원을 여럿 둔 업체 사장으로 성공한 예도 있다. 그 사장은 어린 자녀를 둔 싱글맘이다. 처음 내게 왔을 때, 동대문 시장에 맞춤 바느질하는 곳에서 만들어 판매해보니 반응은 좋은데 원가가 너무 많이 들고 혼자서 하기가 벅차다면서 도와달라고 부탁했다. 옷을 좋아하지만 만드는 것은 전혀 모른다면서 이렇게 덧붙였다. "저는 이걸로 먹고살아야 해요. 도와주세요."

제작 업체 입장에서는 차라리 이렇게 아무것도 모르고 옷만 볼 줄 아는 쪽이 도와주기가 쉽다. 물론 별도의 수수료가 붙어서 제작 원가가 높아지는 바람에 판매 가격도 더 높아졌지만 일할 때 협력이 잘 이루어져 옷이 잘 나와서 그런지 판매가 잘되었다. 그 결과 그 사장의 업체는 3년 뒤 청담동에 쇼룸을 낼 정도로 성장했다.

이처럼 혼자 사업을 할 때는 다른 업체와 협력을 잘하는 것이 성패를 가르는 중요 요인이 된다. 초기에 비용은 좀 더 들겠지만 자기가 못하는 부분은 과감하게 전문가에게 맡기고, 자기가 잘하는 부분에 전념하는 편이 훨씬 더 효과적으로 일할 수 있는 방법이라고 본다.

앞으로는 1인기업이 대세

여럿이 함께해도 힘든 게 사업인데, 혼자서 하려면 오죽 벅찰까. 하루에도 수 차례 포기와 도전을 거듭하며 버티고 있는 1인기업 대표들이 많을 것이다. 허나 도종환 시인이 쓴 시 제목처럼 흔들리지 않고 피는 꽃이 어디 있으랴? 다들 매 순간 매 걸음 넘어지고 깨지면서 꽃을 피우고 있다. 쉽게 성공한 사람은 아무도 없다.

앞에서 소개한 싱글맘 사장은, 엄마로서, 사장으로서 혼자 1인 2역, 3역을 감당하면서 전천후 능력자로 성장했다. 온 힘을 다해 열심히 일하는 건 기본이고 약속은 목숨처럼 지키고 사소한 일도 최선을 다해서 신뢰를 쌓은 결과로 지금 자리에 있는 것이다.

1인기업 또는 프리랜서는 큰 조직에 있을 때보다 열 배, 백 배는 더 힘들고 외롭다. 출퇴근 시간도 없고 할 일을 지정해주는 이도 없으며 모든 책임은 혼자서 다 져야 하기 때문이다. 그렇기 때문에 더욱 정신을 바짝 차리고 자기 관리와 업무를 철저히 하면서, 다른 이들과 원활한 협업을 이루어야 한다. 어려워도 이렇게 계속해나가면 조만간 1인기업, 프리랜서를 벗어나 더 크게 성장할 것이다.

오늘날은 스마트 시대다. 온갖 기술이 발전되어 혼자서도 충분히 창업하고 사업할 수 있게 되었다. 온라인에 접속해 지구 반대편과 소통하며, 원한다면 자기 물건을 판매할 수도 있는 무한한 가능성의 시대에 살고 있다. 내 또래 사장들은 꿈도 꾸지 못할 일을 젊은 사장들은 척척 해내고 있다.

마음만 먹으면 당신도 전 세계를 무대로 사업을 벌일 수 있다. 단, 시작하기 전에 차고 넘치도록 배우고 경험하고 부딪쳐 깨져도 보라. 그리고 실전에 뛰어들었을 때 책임감 있게 협업을 이루어간다면 반드시 성공할 수 있을 것이다.

혼자일수록
부지런해야 산다

혼자지만 혼자가 아니다

대부분은 혼자서 사업을 시작한다. 나 역시 그랬다. 하다 보니 일이 점점 커졌을 뿐이다. 지금 알고 있는 것을 그때도 알았더라면 얼마나 좋았을까? 하지만 모든 걸 미리 알고 준비할 수는 없다. 그저 하루하루 부딪치고 겪으면서 생존할 뿐이다.

나는 귀가 얇아서 남의 말도 잘 듣는 편이라 지금도 자주 시행착오를 겪는다. 이제는 혼자가 아니고 책임져야 할 식구가 여럿이기에, 늘 긴장의 연속이지만 누구를 탓하랴. 선택은 내가 했다. 그러니 책임도 내 몫이다.

1인기업 사장도 따져보면 혼자서 사업을 하는 게 아니다. 다른 이와 상호 유기적인 관계를 맺으며 일을 할 수밖에 없다. 작은 분식집을 운영한다고 해도 장소가 필요하고 재료를 대줄 업체가 필요하며 손님도 와주어야 한다. 세상 모든 일처럼 사업도 다른 이와 관계 속에서 이루어지는 것이다.

그러므로 관계를 잘 맺는 것이 중요한데, 이를 위해서는 철저한 자기 관리와 신뢰 쌓기가 기본이다. 월급 줄 사람이 없다고 아무 때나 문을 열고 닫는다면 누가 그곳을 찾을까? 혼자일수록 자기가 정한 원칙과 규칙을 엄격하게 지키면서 목표를 이루기 위해 부지런히 노력을 기울여야 한다.

물론 무척 외로운 여정이다. 하지만 외로움과도 친해져야 한다. 자기 자신과 무수히 대화를 나누면서 순간순간 멈춰서 제대로 가고 있는지 점검하고, 때로는 외부 전문가의 도움도 적절하게 받으면서 사업을 이끌어가야 성공할 수 있다.

자기 손으로 남다름을 창조하라

요즘은 혼자서 의류쇼핑몰을 운영하는 사람들이 많다. 큰돈 들이지 않고 시작할 수 있기 때문인 것 같다. 그런데 첫 걸음이 쉽다고 계속 쉬운 건 아니다. 오히려 시작이 쉬운 만큼 경쟁은 더욱 치열하다.

　도매로 옷을 사서 판매하려고 보면 똑같은 옷을 너도나도 팔고 있다. 그렇기에 가격 경쟁이 심한데, 신기하게도 그 와중에 어떤 업체는 이윤을 남기고, 어떤 업체는 원가마저 날려먹는다. 무엇이 달랐기에 이처럼 확연히 다른 결과에 이른 걸까?

　나는 남다른 노력이 성공을 가져온다고 생각한다. 남과 같이 해서는 성공할 수 없다. 조금이라도 나은 점이 있어야 이윤을 거두어들일 수 있다. 똑같은 옷이라도 나름대로 구색을 맞춰서 사진을 찍는 등의 노력을 기울여야 한 장이라도 더 팔 수 있다. 남과 다른 매력은 내 시간과 재능을 투자할 때 생겨난다. 자기가 모델이 되어 옷을 입고 사진을 찍는다면, 모델만큼은 아니더라도 그에 준하는 몸매를 만들어야 한다.

　장비가 없다고? 스마트폰에 내장된 카메라로도 충분히 멋진 사진을 촬영할 수 있다. 실제로 스마트폰으로 제품 사진을 찍고 홍보해 한 달에 수백만 원씩 매출을 올리고 있는 쇼핑몰 대표도 있으니까. 중요한 건 마음가짐이다. 남과 다른 열의로 자기만의 매력, 강점을 일구어내야 살아남는 것이 현실이다.

　누구든 처음 시작할 때는 창창한 미래를 꿈꾼다. 그러나 그 미래를 실현시키려면 부단한 연구와 노력, 투자가 필요하다. 시작만 하면 고속도로를 달리듯 저절로 쭉쭉 나갈 줄 알았는가? 천만의 말씀이다. 시작하는 순간, 문제지를 스스로 받아드는 것이다. 매일 갖은 애를 쓰면서 노력해야 문제를 풀고 한 걸음씩 앞으로 나아갈 수 있다. 허나 이 여정도 피하지 않고 당당하게 맞닥뜨리며 스스로 해결해가겠다는 마음자세만 있다면 결국은 해낼 수 있을 것이다.

어차피 인생은 문제의 연속

의류쇼핑몰이든 포장마차든, 혼자서 하든 여럿이서 함께하든 사업이란 크고 작은 문제들을 해결해가는 과정과도 같다. 어차피 인생 자체가 문제의 연속이 아니던가. 풀어야 하는 문제라면 제대로 해결해가자.

사업을 하면 하루에도 몇 번씩 각양각색의 문제와 부딪치게 된다. 충분한 검토 후에 거래처에 납품했는데 전혀 생각지도 못한 곳에 실수가 발견된다거나 예상치 못한 변수로 오랫동안 준비한 일에 차질이 생기기도 한다.

그럴 때 불평이나 자기 변명을 늘어놓는다고 문제가 해결되지 않는다. 까딱하면 중요한 고객과 거래처를 잃을 수 있기에 매사 적극적으로 해결에 나서야 한다. 문제를 걸림돌로만 여기지 않고 딛고 성장할 수 있는 발판으로 여기면, 안 된다고 여겼던 문제도 충분히 해결할 수 있다.

사업을 시작하면서 꿈꾸었던 미래를 다시 한 번 머릿속에 그려보자. 그 미래에 닿으려면 한 발짝씩이라도 앞으로 나아가는 수밖에 없다. 넘지 못할 산은 없다. 자기가 있는 곳에서 꾸준히 최선을 다해 나아가면 된다. 그렇게 혼자서 가다 보면 길동무가 여럿 생기기도 한다. 함께 가는 길이 더 힘들 수도 있지만, 더욱 큰 보람을 가져다준다.

산다는 거 별것 아니다. 살기 위해, 먹기 위해 일하는 것이 삶이다. 어차피 일해야 생존할 수 있다면 한몸 먹고 사는 데 만족하는 데서 더 나아가 풍족하게 벌어서 부족한 사람들 도와주며 사는 게 더 행복한 삶이 아닐까? 그러니 힘들더라도 툭툭 털고 일어나 다시 앞으로 나아가자.

스스로 이루어가는
재미를 누려라

만들어가는 성장 과정의 재미

지난 2020년 12월 통계청이 발표한 '2020 통계로 보는 1인가구' 자료를 보면 전체 가구 중 1인 가구 비율이 30퍼센트를 넘어섰다고 한다. 여기에는 젊은 층 사이에서 생긴 결혼 기피 풍조가 중요한 원인으로 작용했을 것이다. 적령기가 되어도 결혼하지 않는 이유야 저마다 다양하겠지만, 치솟는 집값과 생활비, 자녀 교육비 같은 것이 큰 부담으로 작용하는 듯싶다.

하지만 모든 게 갖추어져야 결혼을 할 수 있는 걸까? 나는 아니라고 본다. 빈손으로 시작해 조금씩 집도 살림도 늘려가는 게 진짜 삶의 재미다. 온 사회에 퍼져 있는 상대적 박탈감, 부모의 과보호 때문에 많은 젊은이들이 이 재미를 놓치고 사는 듯하여 몹시 안타깝다.

어쩌다 너무 바빠서 점심식사도 거르고 일하는 때가 있다. 열심히 일하다 저녁때가 찾아오면 기분 좋은 배고픔을 느낀다. 노곤해진 몸으로 반찬 몇 개 가져다가 놓고 아주 맛나게 밥을 먹는다. 국민 대다수가 빈곤에 시달려야 했던 옛 시절과 비교하면 참으로 풍족한 시대다. 오히려 너무 많이 먹어서 생긴 비만이 사회의 심각한 문제로 대두될 정도다.

그런데 이런 시대에 살면서도 많은 사람들이 자족하기보다는 끊임없이 남과 비교하며 자괴감을 느끼는 것 같다. 자기에게 없는 것에 초점을 맞추며 불평하기보다 지금 가지고 있는 것, 할 수 있는 것에 집중해 기반을 닦고 성장을 이루어가야 하는데 그러지 못하고 우울한 상태로 집에 머물거나 부모에게 기대어 사는 이들이 많다. 왜 이렇게 되었을까?

이런 상황이 펼쳐진 데에는 기성세대의 책임이 크다. 자기가 힘들게 살았기 때문에 내 자식만큼은 고생을 덜 시키고 싶어서, 집이며 세간살이며 이것저것 해준 게 도리어 자식세대를 무능하게 만들었다. 자기 힘으로 만들어가는 성장 과정의 재미를 삭제해버린 것이다.

자기 손으로 이룬 것만이 진짜

30년 전, 가까운 지인이 이삿짐센터를 하면서 겪었던 일이다. 지인은 이삿짐을 나르며 각양각색의 사람들이 사는 모습을 보게 되었는데, 어느 날에는 무턱대고 이삿짐을 처분해달라는 연락을 받았다. 주소지로 찾아가서 보니, 놀라운 광경이 펼쳐졌다. 식탁에 음식이 차려진 그대로, 숟가락이 밥공기에 놓인 그대로, 한 달 넘게 방치되어 있었다. 다른 살림살이도 그대로인데 살던 사람들만 없었다. 사연을 들어보니 신혼부부가 밥 먹는 중에 다투다가 이혼 얘기까지 나왔고, 그대로 둘 다 나가서 신랑 쪽 아버지가 살림을 처분하게 된 거였다.

그 얘기를 듣고 기가 찼다. 확실한 정황은 알 수 없지만, 두 사람이 직접 모은 돈으로 하나하나 장만한 집이고 살림이었다면 그렇게 쉽게 내팽개칠 수 있었을까? 부모님 돈으로 다 산 거니까 큰 애착 없이 내버릴 수 있었던 건 아닐까? 정말 자식이 잘되기를 바란다면 자기 능력으로 자립할 수 있도록 때로는 모른 척할 줄 알아야 한다. 그래야 자식이 강하게 성장한다.

이런 소신에 따라 나는 하나뿐인 아들이 20대 중반에 결혼할 때 별다른 도움을 주지 않았다. 아들은 자기가 번 돈으로 보증금 1천만 원에 월세 40만 원 하는 월셋집을 구해 신혼살림을 차렸다. 허름한 집이라도 공들여 셀프 인테리어를 하고 아기자기하게 꾸미면서 소꿉놀이하듯이 살았다. 그런 모습에 엄마로서 은근히 마음이 불편해서 한번씩 좋은 그릇도 사서 주었지만, 그 이상의 도움은 없었다.

아들은 그 집에서 4년을 살고 지난 봄에 작지만 볕이 잘 드는 전셋집으로 이사했다. 그러면서 내가 사준 그릇들은 고스란히 내 집으로 돌아왔다. 아무리 비싼 물건이라도 자기가 좋아서 돈 주고 산 물건만큼 애착을 가질 수는 없다. 본인이 노력해서 가지게 된 것만이 진짜 자기 것인 것이다.

자식이 맨손으로 자립을 이루어가는 과정은 다소 초라하고 힘겨워 보일 수 있다. 하지만 한 번, 두 번 도와주다 보면 나중에는 넘어져도 스스로 일어날 수 없을 만큼 나약해지고 만다. 특히 자식이 어른이 되어 결혼했다면 거리를 확실히 두고 스스로 제 갈 길 잘 개척하도록 마음으로만 응원해야 한다. 힘들더라도 그런 냉정한 사랑을 주어야 자식이 온전히 어른으로, 가장으로 성장한다.

시작은 미약하나 그 끝은 창대하리라

자기 힘으로 장만한 집과 살림살이가 귀하듯, 자기 피와 땀으로 일군 사업이 귀중하다. 거저 얻은 돈으로 쉽게 성공해보겠다고? 천만의 말씀이다. 아무리 모든 것이 잘 갖춰진 상태에서 창업했더라도 그 이후의 과정이 수월하리라고 믿어선 안 된다. 끊임없는 애정과 의지를 가지고 매일 부단한 노력을 쏟아부어야만 성장을 바라볼 수 있는 것이 사업이다.

반대로 가진 것은 별로 없더라도 '이것 아니면 안 된다'는 결연한 마음으로 최선을 다한다면 머지않아 창대한 결과를 볼 수 있으리라고 확신한다. 그런 사람은 자기가 힘들게 이뤄온 것을 지키기 위해 열심을 다할 수밖에 없다. 그러다 보면 더욱 성장하게 되어 있다.

평소 운전하는 것을 좋아하는 나는 아들이 어릴때도 종종 아들과 친구들을 태우고 자유로를 달려리면서 스트레스를 날렸다. 지금처럼 맛집을 검색하여 찾아다니는 시절도 아니라서 식당이 보이면 그냥 들어가 먹곤 했다. 인적이 드물어 이런 장소에서 장사가 될까 싶은데도 은근 손님이 많은 식당들이 종종 있다. 당연히 음식 맛이 좋다. 아이들 입맛도 맞추니 가족들이 많이 찾는 명소가 되는 것이다.

처음부터 손님이 많이 찾아 왔을까? 아니, 우연히 들렀다가 마음에 들어 자주 다니게 되고 점점 친해졌을 것이다. 그러다보니 입소문도 저절로 났을 것이다. 성공한 사람도 시작은 어쩔 수 없는 상황에, 선택의 여지없이 했다. 이것이 아니면 안된다는 마음으로 하니 어느사이 안정으로 접어든다. 시작은 미흡하지만 끝은 엄청난 성공을 맛보게 한다.

모든 사람이 결혼을 하고 사업을 시작할 때는 행복과 성공을 꿈꿀 것이다. 그러나 행복한 결혼 생활도 사업 성공도 쉽게 얻을 수 있는 것이 아니다. 자기 힘으로 한 걸음씩 나아가며 수많은 어려움도 겪으면서 이루어가는 것이다. 살다 보면 개울도 나타나고 높은 산도 나타난다. 그럴 때 피하려 하지 말고 나아가라. 지치면 잠시 쉬면서 성실히 가다 보면 목적지에 다다르는 때가 반드시 온다.

혼자 다시
일어서기까지

나의 우울증 이야기

　지금은 누구보다 밝고 씩씩하게 살고 있지만 내게도 그렇지 못하던 시절이 있었다. 쉰에 접어들면서 갱년기와 주변 환경의 영향으로 심한 우울증에 걸렸었다. 처음에는 우울증인지 몰랐다. 어느 순간 매사 늘 긍정적으로 바라보던 습관도 사라지고 모든 일이 귀찮고 생각조차 하기 싫어졌다. 그나마 유일하게 책 읽기를 좋아해 공부라도 하면서 견뎌볼까 했지만 아무리 읽어도 내용이 머릿속에 입력되지 않았다.

　병원에 찾아갔더니 의사가 우울증이라면서 약을 지어줬다.

그러나 약을 먹어도 호전되지 않고 늘어질 뿐이었다. 평소 낮잠이란 걸 모르고 살았는데 낮 동안 내내 졸린 상태로 지냈다. 그러다 밤이 되면 오히려 잠을 못 이루어 괴로웠다.

이런 나를 가족들은 이해하지 못했다. 눈에 보이는 상처는 낯선 사람도 알아채지만, 아픈 마음은 가족들조차 몰라주었다. 그저 웃음기 사라진 내 얼굴을 대하는 것을 불편해할 뿐이었다. 분명히 아픈데 어디가 아픈지가 보이지 않는 병, 그래서 가까운 사람에게도 외면받게 되는 병이 바로 우울증이다.

어떻게 해야 할지 모르는 채로 병세는 심각해져갔다. 그러다가 결국 자살 시도를 두 번이나 하게 되었다. 우울증이 얼마나 무서운지, 옆 방에 어머니가 주무시는데도 어머니 생각이 나지 않았다. 그냥 삶의 끈을 놓고 싶다는 생각뿐이었다. 불면증 때문에 처방 받은 수면제를 있는 대로 다 입에 털어넣었다. 그러고 나서 눈을 뜨니 병원 응급실이었다. 옆에서 아들이 내게 죄송하다면서 울고 있었다. 그제야 내가 자식에게 무슨 짓을 했는지 깨닫고는 부끄러워 눈을 뜰 수가 없었다.

지금 내 모습을 보면 이런 과거를 상상이나 할 수 있을까? 그러나 햇살이 강하면 그늘도 그만큼 어두운 법이다. 강인한 사람들의 뒤에는 그만큼 어둡고 힘들었던 때가 있었음을 이제는 안다. 하지만 어두운 밤이 있으면 밝은 낮도 오게 마련이다.

바쁘게 살면서 마음 다이어트 하기

더는 이렇게 살면 안 되겠다는 마음이 들어서 한 친구에게 도와달라고 호소했다. 나처럼 우울증으로 많이 힘들었던 친구였다. 그 친구는 내게 시간이 걸리더라도 꾸준히 심리상담을 받아보라고 권했다.

그래서 일주일에 한두 번씩 상담을 받기 시작해 꼬박 3년을 지속했다. 그 과정에서 나 자신을 바라보게 되었고, 내가 좋아하는 것과 하고 싶은 일을 깨달아 가게 되었다. 점점 가라앉았던 마음이 조금씩 올라왔고 서서히 긴 터널에서 벗어날 수 있었다.

우울증은 감기와 비슷하다. 마음에 면역력이 떨어지면 언제 다시 찾아올지 모른다. 그렇기 때문에 늘 마음을 건강하게 관리해야 한다. 다시는 우울하게 살지 않겠다는 강한 의지를 가지고 마음의 근육이 단단해질 수 있도록 좋은 생각을 하고 아름다운 것을 보려고 노력해야 한다. 또한 마음을 비우는 일, 즉 마음 다이어트도 중요하다. 생각이 많으면 힘들어서 앞으로 나아갈 수 없다. 가볍게 비워야 움직일 수 있다.

그 뒤로는 항상 몸을 바쁘게 움직이면서 지금 이 순간에만 집중해 바보처럼 살았다. 그랬더니 힘겹게만 여겨지던 삶이 조금씩 밝아지면서 살 만해지더라. 내가 좋아하고 잘하는 일을 찾다 보니 사업도 다시 하게 되었다. 처음에는 통장에 100만 원도 없이 빚을 몇 억이나 끌어안고 초라하게 시작했지만 4년 만에 정상 궤도에 진입했다. 반드시 살겠다는, 해내겠다는 의지가 이루어낸 기적이다.

방심은 금물

지금은 동종업계 사람들이 부러워할 만큼 탄탄하게 자리를 잡은 회사가 되었지만, 조금만 방심해도 넘어지는 건 순식간이다. 그러니 마음도 사업도 강한 의지를 가지고 항상 최선을 다해야 건강하게 성장할 수 있다.

나는 농촌에서 태어나고 자라서인지 농사 일을 좋아한다. 주말이면 어머니를 모시고 400여 평 되는 농장에 가서 농사를 짓는다. 지난 봄에는 농자재 시장에서 가장 튼실해 보이는 고추 모종을 골라서 심었다. 고추 모종이 자리를 잡아 쑥쑥 성장해 엄청나게 많은 고추가 달렸다. 그 모습에 올해 100킬로그램은 너끈히 수확하겠다며 은근히 기대하고 있었다.

그러나 어느 날 비가 내리기 시작하더니 50일 동안 이어졌다. 고추는 물을 좋아하는 작물이 아니다. 쉼없이 내리는 비 때문에 고추에 탄저균이 발생해 풋고추도 따지 못한 채로 농사를 접어야 했다.

한 치 앞을 모르는 건 농사뿐 아니라 사업도 마찬가지다. 어느 정도 자리 잡았다고 안심할 수 없다. 갑자기 나타난 전염병 바이러스 때문에 지금 온 세계가 전쟁을 치르고 있지 않은가. 그러니 매 순간 노력을 거듭할 수밖에 없다.

인생을 돌아보니 좋고 행복했던 시간은 아주 찰나에 불과하고, 힘들고 고생스러웠던 시간이 대부분인 것 같다. 크고 작은 문제를 해결하려고 애쓰면서 살아가는 것이 바로 인생 아닐까?

하루에도 몇 번씩 천국과 지옥을 오가면서 어떨 때는 죽을 것처럼 힘들기도 하지만, 그럼에도 살아야 한다. 어떻게 태어난 인생인데 쉽게 포기할 수 있겠는가. 수억의 정자들이 단 하나의 난자를 만나기 위해 치열하게 경쟁한 결과, 기적적으로 태어난 것이 바로 당신이다. 그러니 하늘이 주신 명이 다하는 날까지 항상 힘껏 도전하며 살아야 한다.

1인기업이라도 마음은
직원 100명 둔 사장처럼

혼자 하는 일이라고 얕보지 마라

1인기업을 시작하기로 마음먹고 사업자등록을 하는 일은 어렵지 않다. 다 그렇지는 않겠지만 꽤 많은 창업자들이 자기가 뛰어들려는 분야와 사업 실무에 대해 잘 모르는 채로 쉽게 일을 벌이는 것 같다.

나도 그랬다. 옷은 누구보다 잘 만들 자신이 있으니 그 밖에 다른 일은 배우면서 하면 된다는 단순한 마음으로 시작했다. '잘 만들어놓으면 누구든 알아보고 구입하겠지' 하고 순진무구하게 생각했다. 그러나 현실은 내 예상과 다르게 펼쳐졌다. 만약에 본격적으로 사업을 시작하기 전에 제대로 된 시장조사만이라도 했더라면 의류쇼핑몰 업계가 엄청나게 치열하다는 사실을 알았을 테고, 그에 맞춰서 전략을 조정했을 것이다. 이제 와서 후회해도 소용은 없지만.

'모방은 창조의 어머니'라고 스스로 최면을 걸며 해외 명품과 유명 브랜드 옷을 카피하는 것부터 시작했다. 실제로 많은 업체들이 그렇게 모방을 하다가 자신만의 스타일을 잡아간다. 좋아하는 스타일을 꾸준히 따라하다 보면 어느 순간 고유의 스타일이 정해지는 것이다.

허나, 나는 거기에 닿기 전에 의욕이 꺾이고 말았다. 몇몇 모델을 제작했지만 알아주는 사람도 없고, 급기야 자금도 바닥나버렸다. 애초에 소량만 만들었는데도 그마저 팔리지 않아서 창고에 재고만 쌓여갔다. 그래서 결국은 원래 잘하는 봉제 쪽으로 방향을 틀었다.

1인 기업도 엄연히 하나의 사업체다. 사업은 섣불리 시작해서는 안 된다. 그러면 나처럼 아무런 준비와 보호장비 없이 끝없이 높은 산을 올라가는 듯한 기분을 느끼게 된다. 그러니까 혼자라고 얕보고 쉽게 도전하지 말고, 혼자일수록 꼼꼼히 다방면으로 충분히 준비하는 게 필요하다.

그리고 사업을 시작했으면 혼자라고 안일하게 생각하지 말고 최소 100명은 먹여살릴 각오로 뛰어들어야 한다. 온갖 노력을 다하다 보면 정말 그만큼 성장해 있으리라고 확신한다.

사업에도 가지치기가 중요해

벅찬 꿈을 안고 사업을 시작했건만 매일매일이 순탄치가 않다. 전혀 예상도 못한 데서 복병이 나타나 진땀을 흘린다. 사업을 시작하기 전에는 잘될 거라고 응원해주던 친구와 지인들은 이제 내 의욕을 꺾는 말만 늘어놓는다. 하루에도 여러 번 그만둘까 하는 마음이 불쑥 치민다.

그럴 때 대표가 흔들리지 않고 소신을 지켜야 한다. 아무리 가까운 사람 얘기라도 흘려들을 건 흘려듣고 귀 담아 들을 건 귀 담아 들을 줄 알아야 한다. 모든 얘기에 다 흔들리면 결국 뿌리채 뽑혀버린다. 자기만의 가치관과 원칙을 가지고 사업을 해야 꾸준한 성장을 이룰 수 있다.

또한 대표는 정확한 안목도 지녀야 한다. 어떤 업체와 거래를 할지, 사업 중에 어느 부분을 더 키워나갈지를 잘 판단할 줄 알아야 사업을 지속해 나갈 수 있다. 능력 많은 사장은 탁월한 농부와도 같다. 어떻게 하면 더 많은 수확을 거둘 수 있을지 매일 살펴보고 불필요한 싹이나 가지가 보인다면 과감하게 정리할 줄 안다. 규모가 작은 1인 기업일수록 선택과 집중이 중요하다. 어느 것을 선택할지 잘 판단해 부지런히 키우다 보면 몇 십 배, 몇 백 배로 거둬들일 날이 분명히 온다.

1인기업에서 여럿이 먹고사는 터전으로

통계청이 2020년 12월 발표한 '2019년 기업생멸 행정통계 결과'에 따르면 2019년에 창업한 99만 7000개의 1년 생존율이 63.7퍼센트밖에 되지 않는다고 한다. 무려 약 30만이 넘는 신생 기업들이 1년만에 폐업하는 것이다. 새삼 사업을 오랫동안 이어 가는 일이 얼마나 힘든 일인지 느끼게 된다.

세상 모든 일이 그러하듯 사업도 계획대로 흘러가지 않는다. 이런 상황은 모두에게 동일하다. 그저 그런 현실 속에서 판단하고 행동하는 방식이 다를 뿐이다. 힘들지만 반드시 해내고 말겠다는 오기와 끈기를 가지고 넘어지면 다시 일어나기를 반복하다 보면 어느 날엔가 사업도 자기 자신도 성큼 성장해 있는 것을 보게 된다.

나는 오래전 마장동에 살았다. 그 동네에는 등심 하나만으로 승부를 본 정육식당이 있었다. 언제나 손님이 길게 줄을 선 그

가게는 처음에 간판도 없이 그저 한옥집에서 장사를 시작했다.

그러다 점점 잘 되더니 그 옆집도, 좀 더 시간이 지나 더 잘 돼서 그 옆집에도 점점 가게 수를 계속 늘려나가, 처음 시작했던 규모의 몇 배가 넘는 많은 직원과 규모의 식당 모습을 갖추게 되었다. 나 한 사람 먹고살기 위해서 시작한 장사가 40~50명이 일하는 어엿한 사업체가 되기까지, 이 식당의 주인에게 포기하고 싶은 상황이 한두 번이었을까? 아니, 분명 수백 번은 있었을 것이다. 그럼에도 다시 일어서기를 수백 번 했을 것이다.

나 역시 지금껏 사업하면서 여러 번 쓴맛을 보았다. 예를 들어 제작을 맡길 때 제대로 설명하면서 견본을 줬는데도 옷이 엉뚱하게 만들어지기도 하고 생각지도 못한 데서 실수가 생겨 전 제품 교환 또는 반품처리를 해야 할 일이 생기기도 했다. 그런 우여곡절을 거치면서 앞만 보며 달리다 보니 어느새 수십 명이 먹고사는 삶의 터전이 되었다. 이제는 맘대로 그만둘 수도 없는 처지다.

사장, 당신은 왜 시작했는가? 단순히 꼭 해보고 싶은 일이 있어서 아니면 원하는 목표를 이루기 위해서 또는 분명히 잘될 것 같아서 일을 벌였을 것이다. 하지만 시작한 이상, 아무리 1인기업이라도 쉽게 물러서지는 마라. 많이 힘들더라도 그 상황을 잘 겪어내면 나중에는 자기 자신뿐만 아니라 많은 사람들이 기대어 살아가는 큰 나무 같은 사업체로 성장할 수 있다.

'더불어 성장'을 꿈꾼다

사업을 하면서 다른 사람들에게 도움을 줄 때 큰 보람을 느낀다. 만약 자기가 하는 일이 다른 사람들에게 아무 도움이 되지 않는다면 그건 시간낭비라고 생각한다. 사장은 자기 일이 다른 사람의 삶을 더 좋게 만들 때 비로소 존재 가치를 얻는다.

모든 사람은 관계 속에서 살아간다. 내가 긍정적인 사고방식을 가지고 늘 활기차게 생활하며 먼저 배려한다면 다른 사람들도 좋은 영향을 받게 된다. 나는 이처럼 주위에 밝은 기운을 퍼뜨리면서 서로 도움을 주고 받으며 더불어 성장하는 삶을 꿈꾸며 사업하고 있다. 물론 쉽지 않다. 직원, 거래처, 고객과 수도 없이 부딪치고 '안 돼'라는 말에 의욕이 꺾여 주저앉기도 한다. 그러나 그때마다 다시 일어서 무엇이 바른 성공이고 성장인지 생각하며 돌아가더라도 옳은 길을 선택한다.

거래처에 줘야 할 돈을 마련하려고, 직원들 월급을 제때 지급하려고 하루 24시간이 모자랄 만큼 바쁘게 여기저기 뛰어다니다 보면 나 자신이 없어진 것 같은 기분이 들기도 한다. 때로는 누구 좋으라고 이 고생을 하는지 푸념할 때도 있다. 하지만 홀가분했던 지난날로 돌아가고 싶지는 않다. 지금처럼 같이 성장하면서 가는 이 길이 좋다.

변화에 대처할 줄 아는
멀티플레이어가 살아남는다

사장은 만능 재주꾼

사장의 업무는 다양하다. 1인기업이 아니라고 해도 사장이 사업의 처음부터 끝까지 모두 꿰뚫고 있어야 각 파트가 순조롭게 돌아간다. 그러므로 사장은 제작, 홍보, 영업 등 모든 부분을 잘 아는 만능 재주꾼이 되어야 한다.

회사에 출근하면 가장 먼저 그날 출고될 제품을 체크한다. 아무리 물건을 잘 만들었어도 제때에 출고를 하지 못하면 헛수고다. 그렇기 때문에 출고가 많은 날에는 아침부터 긴장한다. 옷 만드는 일을 과거에는 옷을 '짓는다'고 표현했다. 그만큼 옷은 사람 손으로 일일이 만져야 완성된다. 사람이 하는 일이기에 실수가 발생한다. 그래서 출고 전 확인할 때 단추에서부터 다림질까지 꼼꼼하게 검수한다. 출고 제품을 검수하는 일 말고도 내 손을 필요로 하는 데는 도처에 깔려 있다.

"대표님, 제가 바빠서 그러니 단추 좀 달아주세요.", "이건 어떻게 샘플을 만들어야 할까요?" 여기저기 부르는 데로 쫓아가서 요청에 응하다 보면 오전 시간이 훌쩍 다 지나고 벌써 점심시간이 된다.

사장은 고객과 직원 사이의 소통을 책임지기도 한다. 옷을 만들다 보면 아무래도 고객이 주문하는 대로 가급적 맞춰주게 된다. 그런데 고객의 주문대로 옷을 만들기가 힘든 경우가 발생한다. 그럴 때면 제작을 맡은 선생님들은 불만을 표한다.

그럴 때 의뢰 업체와 봉제 선생님 사이에서 의견을 잘 조율하는 건 물론 사장인 내 몫이다. 1인기업일수록 사장 한 사람이 책임져야 할 일이 산더미처럼 많다. 그렇기에 끊임없이 배우고 일하며 사장도 성장하는 수밖에 없다.

'적당히'는 곤란해

같은 옷을 맡겨도 사람마다 결과물은 제각각이다. 제발 똑같이 작업해달라고 신신당부를 해도 마찬가지 상황이 펼쳐진다. 박음질을 다 끝마친 옷이, 애초에 의뢰받은 것과 크게 다를 때 얼마나 난감한지 모른다.

왜 어떤 재봉사는 정확하게 작업하고 다른 재봉사는 영 허술하게 만들어놓을까? 그 사람이 처음 일을 배우고 습득하는 과정이 달랐기 때문이라고 생각한다. 처음부터 꼼꼼하게 제대로 일을 배운 사람과 적당히 배운 사람의 차이는 크다. 겉으로 보면 엇비슷해도 자세히 살펴볼수록 완성도가 천지차이다.

나도 바느질을 정확하게 배우지 못해 습관을 바꾸는 데 10년이란 세월이 걸렸다. 내가 처음 일을 배우던 시절에는 말 그대로 팔만 들어가도 옷이 팔리는 때였다. 88올림픽 이후, 맞춤옷에서 기성복으로 유행이 바뀌는 과정에서 패션산업이 활성화되었다. 그때 맞춤옷과 기성복 사이의 제품을 봉제공장들이 도맡아 생산했다.

그 무렵 모 고급 브랜드의 어떤 옷이 큰 인기를 끌었는데, 그 옷은 특히 바느질이 잘되어 있기로 유명했다. 그 옷을 만드는 일이 내게 주어졌을 때 회사에서 요구하는 수준으로 작업할 수가 없어 애를 먹었다. 하지만 강한 의지를 가지고 습관을 고쳤고 그 결과는 돈으로 돌아왔다. 그때 돈을 많이 벌어서 서울하고도 홍대입구에 단독주택도 장만할 수 있었다.

나날이 경쟁이 극심해지는 요즘 같은 때, 어차피 일을 할 거라면 적당히 말고 제대로 하길 권한다. 하물며 프리랜서에게도 작업의 완성도가 수입을 좌우하는데, 한 업체를 이끄는 사장에게는 사업의 정확도가 얼마나 중요할까? 실수 하나에 고객이 떨어져나갈 수 있음을 유념하고, 매사 철저하게 제대로 해야 한다.

멀티플레이어가 대세

과거에는 한 우물만 파라고 했다. 우직하게 한 가지 일에 몰두하다 보면 프로가 되어 먹고사는 데 문제가 없었다.

그러나 시대가 변하고 세상이 바뀌었다. 오늘날 사회는 시시각각 급변하고 있다. 이런 흐름에 적응하지 못하면 아예 살아남지를 못한다. 혼자서 식당을 하든, 세탁소를 하든 이제는 다방면에 능한 멀티플레이어가 되어야 생존하고 성공할 수 있다. 음식 솜씨, 세탁 기술이 좋아야 하는 건 기본이고, 스스로 광고도 하고 개발도 하면서 매일매일 혁신을 이루어야 하는 것이다.

나도 그동안 시대 변화에 적응하기 위해 참으로 여러 가지를 익혀왔다. IMF 이후 봉제업이 사양길에 접어들면서 공장을 정리했다. 그 뒤에 성급하게 고깃집을 개업해 석 달 만에 문을 닫고는 앞으로 어떻게 살아야 할지 심각한 고민에 빠졌다. 가만히 머

물러 있어서는 안 되겠다는 판단에 과감한 도전을 시작했다. 갑상샘암이 생길 만큼 힘들게 공부해 공인중개사 자격증도 따고, SNS 마케팅 공부도 시작했다. 늘 책을 끼고 살면서 부단히 배우고 노력한 결과, 오늘에 다다를 수 있었다.

세상이 너무 빠르게 변화하고 있다고 손놓고 있을 수만은 없다. 그 변화 속도에 발맞추어 끊임없이 배우고 적용해야 생존할 수 있다. 그리고 거기서 더 나아가 새로운 흐름을 스스로 개척해 나간다면 성공은 당신의 것이 될 것이다.

6장

꿈은 이루어진다

_ 긍정 마인드, 배움, 인간관계

사장은 긍정을
퍼뜨리는 사람

이까짓 전기 자전거에 질 수 없지

나는 운전을 잘하지만 오토바이는 못 탄다. 무서워서 못 타는 게 아니라 주위 사람들의 만류 때문이다. 어릴 때부터 '길들여지지 않은 야생마'라는 말을 듣고 살았다. 어디로 튈지 모르는 별난 천성 탓에 큰 형부가 제발 오토바이는 타지 말라고 내게 신신당부하기도 했다. 그래서 여러 사람을 염려하게 만들 것 같아 오토바이 근처에도 가까이 가지 않았다.

그런 내가 최근에 전기 자전거를 마련했다. 특별한 목적이 있어서였다. 평소 자전거를 자유자재로 잘 탈 수 있기에 전기 자전거쯤이야 하고 가볍게 여겼는데, 타보니 결코 만만치 않았다. 출발과 멈춤이 내 뜻과는 다르게 제 맘대로다.

조금 당황했지만 '자칭 베스트 드라이버인 내가 이까짓 전기 자전거에 질 수 없지' 하고 마음을 다잡으며 시간 날 때마다 천천히 자전거를 타고 동네를 돌아다니며 연습한다. '이왕에 이렇게 된 거 나중에 오토바이도 한번 도전해볼까?' 하는 생각이 살짝 고개를 쳐든다.

이렇게 나는 나이 예순에도 새로운 도전을 즐긴다. 사업이나 실생활에 필요한 것이 있으면 바로 배우려고 노력하는 편이다. 앞서지는 못하더라도 뒤처지지 않으려면 꾸준한 배움이 필수다.

자전거 타고 밥 나르는 사장

전기 자전거를 배우게 된 건 직원들 식사 때문이었다. 코로나19 사태 때문에 직원들이 외부 식당을 이용하지 않게 되었다. 한동안은 도시락을 싸 오거나 음식을 배달해서 먹었다. 그런데 그것도 하루이틀이지 매번 번거롭고 비싸기도 했다.

그래서 회사에 전기밥솥을 준비해놓고 국이나 찌개 정도만 있으면 금방 지은 밥과 함께 모두가 맘 편히 먹을 수 있을 것 같다는 생각에, 집에서 음식을 해 나르기 시작했다. 회사와 집이

근거리라서 '까짓거 하면 되지' 하고 가볍게 시작했다.

그러나 일주일에 다섯 번 음식을 해서 회사까지 나르는 일은 쉽지 않았다. 아무리 가까워도 음식을 바리바리 싸들고 걸어가기는 힘들었다. 그렇다고 자동차로 다니기에는 어중간해서, 전기 자전거를 떠올린 것이다. 그렇게 서툴지만 자전거로 음식을 나르기 시작했다. 자동차로 음식을 나를 때는 흔들려도 넘치지는 않는데 자전거로 하니 음식이 초랭이 방정 떨 듯이 넘치고 쏟아지기 일쑤다. 배달을 업으로 하는 사람들에게 존경심이 절로 생겨난다.

어렵사리 도착하면 식사 준비가 시작된다. 처음에는 사무실에 있는 10여 명이 소박하게 차려 먹는 정도로 시작했는데 점점 식구가 많아져 뷔페 식당으로 변했다. 주말농장에서 신선한 야채는 가져오고, 고기와 생선 종류만 사서 직원들이 따뜻하게 먹을 수 있도록 일부러 식사 시간에 맞추어 요리해서 가져온다.

규모가 커지다 보니 식사 준비를 도와주는 벗까지 생겼다. 평소 가깝게 지내는 지인이 지켜보다가 나서서 봉사하게 된 것이다. 수고비는 옷으로 준다. 남는 게 옷이니 좋은 옷 맘껏 입을 수 있도록 투척한다.

이 모든 고생은 누가 시켜서 한 게 아니다. 내가 스스로 시작했다. 모두에게 좋은 생각을 떠올렸고, 다소 힘들더라도 실행을 한 것뿐이다. 힘은 좀 들지만 그래도 옹기종기 모여서 맛나게 먹는 모습을 보니 잘했다 싶다.

마음 그릇이 큰 사람

땀을 뻘뻘 흘리면서 자전거를 타고 음식을 나르는 동안 그릇에 대한 생각을 한다. 그릇이 크면 무엇이든 감당하는데, 그릇이 작으면 많이 담지도 못하고 금세 차고 넘쳐버린다. 사람도 그릇과 같지 않을까? 마음 그릇이 큰 사람은 무엇을 담아도 넉넉히 품는다. 반면에 마음 그릇이 작은 사람은 매사 잘 감당하지 못하고 불평불만이 많다.

우리 인생에도 과속방지턱 같은 장애물이 수시로 나타난다. 그럴 때 넓은 마음으로 그러려니 하고 받아들이면 큰 문제도 쉽게 풀린다. 하지만 좁은 마음으로 종종거리면서 작은 일도 크게 부풀리면 사소한 문제도 해결하기 어렵다. 매사 마음먹기에 달려 있는 것이다.

봉제 공장을 하면서 수많은 기능인과 함께 일해보았다. 우리가 하는 일은 디자이너가 창작한 대로 옷을 만드는 것이다. 디자이너는 옷의 기술적인 부분은 고민하지 않는다. 그건 순전히 작업하는 우리들 몫이다. 디자인을 최대한 살리려고 노력하다 보면 패턴을 뜨는 분과도 충돌이 생기고 재봉하는 선생님과도 종종 마찰이 발생한다.

그럴 때마다 내가 나서서 가급적 일이 되는 방향으로 의견을 조정해 진행시킨다. 그런데 똑같은 일도 어떤 사람은 묵묵히 받아들이는 반면에 또 다른 사람은 절대로 안 된다고 고집을 피운다. 사람마다 이렇게 반응이 다른 데에는 기술 차이도 있지만, 마음 그릇의 차이가 크기 때문이라고 본다.

눈이 가장 게으르다는 말이 있다. 사람들은 흔히 눈으로 보고 어렵다고 판단하는 순간, 마음에서 밀어낸다. 해보지도 않고 안 된다고 거절한다. 성장을 꿈꾼다면, 사업을 오랫동안 든든하게 키우고 싶다면 마음 그릇을 키워야 한다. 안 되는 일은 없다. 하면 다 된다.

긍정의 막강한 힘

나는 늘 긍정적인 말로 선언하고 행동하려고 노력해왔다. 그러다 보면 정말 말대로 이루어지는 경험을 많이 했기에, 되도록 좋은 쪽으로 말하고 행동한다. 사장이 매사 긍정적인 시각으로 바라보니, 직원들도 영향을 받아서 많이 긍정적으로 바뀌었다.

이처럼 사장은 긍정을 퍼뜨려야 한다고 본다. 그래야 사업체도 긍정의 힘으로 무럭무럭 성장할 수 있다.

피할 수 없으면 즐기라는 말이 있다. 사는 게 내 맘처럼 될 때보다 그렇지 못한 경우가 더 많다. 사업을 하면서도 수시로 뜻하지 않은 어려움을 겪게 된다. 그럴 때 불평하며 힘을 빼기보다는 '그런가 보다' 하고 상황을 받아들이면 어렵고 힘든 일도 가볍게 지날 수 있다. 문제 자체보다는 해결책에 초점을 맞추고 하나하나 풀어나가다 보면, 아무리 큰일이라 해도 금세 풀리곤 한다.

내가 점심을 나르기 시작했을 때 주위 사람들은 너무 힘들지 않겠느냐고 걱정했다. 물론 쉽지 않다. 어렵다, 힘들다 하면 하루도 하기 싫은 게 사람 마음이다. 그러나 '까짓것 하면 되지' 하고 마음먹고 틈 날 때마다 준비하니 정말 별것도 아니다. 그 과정에서 도와주는 사람까지 생기고 난생처음 전기 자전거에도 도전했으니 행복한 일 아닌가.

사람이 하는 일은 안 되는 게 없다. 이미 결론을 내려놓고 된다, 안 된다 하지 말고 한 가지라도 조금씩 움직이고 행동하다 보면 큰 산도 옮겨지게 마련이다. 긍정의 힘은 막강하다.

길을 잘못 들었을 때는
되돌아가면 된다

매일의 선택이 나를 만든다

우리는 하루에도 수없이 많은 선택을 하며 산다. 그리고 그 선택들이 지금의 나를 만든다. 혹시 누구는 잘나가는데 나는 아직도 이 모양 이 꼴이라고 자책하고 있지는 않은가? 하지만 자신의 현재 모습은 다른 누구도 아닌, 자기 선택으로 이루어진 것이다. 어느 날 갑자기 그렇게 된 것이 아니다.

날마다 매 순간 어떤 선택을 하느냐에 따라서 내 인생이 풍요로워질 수도 있고 고단해질 수도 있다. 선택은 오롯이 자기 몫이다. 어느 누구도 대신해줄 수 없다.

예를 들어 다이어트를 하기로 결심했다고 치자. 목표 체중을 정하고서 운동도 하고 식단 조절도 시작했다. 허나 다이어트가 하루이틀 해서 되는 게 아니다 보니, 회식도 생기고 친구들과 모임도 있을 때는 맛있는 음식을 앞에 두고서 망설이지 않을 수 없다. 그때 꾹 참고 버티든 결국 무너져 열심히 먹든, 선택은 자기가 하는 것이다. 그리고 그 선택에 따른 결과 또한 자기가 져야 한다.

그러므로 매일의 선택이 현재, 미래의 나를 이루어간다는 사실을 잊지 말아야 한다. 자기가 어떤 삶을 살고 싶은지, 무엇을 성취하고 싶은지 늘 유념하면서, 거기에 걸맞는 선택과 실천을 해나가야 한다. 그러다 보면 어느 사이 목적을 이룰 수 있을 거라고 확신한다.

잘못했을 때는 되돌아가서 다시 시작해

옳은 선택이라고 믿고 갔는데, 가다 보면 아닐 수도 있다. 그럴 때 되돌아가기에는 늦었다고 포기하지 말고 다시 시작하면 된다. 너무 늦은 시간이란 건 없다.

인생은 남이 아닌 자기 자신과의 경주다. 자신이 계획하고 결정하는 대로 살아지는 것이다. 단 한 번의 잘못된 선택으로 인해 아주 오랫동안 고통스러울 수도 있다. 그러나 잘못되었다고

204

판단하는 순간, 되돌아가서 다시 시작하면 어렵더라도 언젠가는 수렁에서 빠져나올 때가 온다.

나도 몇 년간 아주 힘든 시간을 보냈다. 내가 한 선택에 책임을 지기 위해서 아무리 노력해도 점점 깊은 진흙 속으로 빠지는 듯했다. 거기에다 우울증까지 더해지니 더는 참기 힘든 상황이 되었다. 하지만 되돌리는 일은 불가능해 보였기에, 그저 더 노력하려고 믿고 참고 견디려고 애를 썼다. 그러나 참는다는 것은 임시로 눌러놓은 것과 같아서 한계에 다다르면 터지게 되어 있다.

좋고 나쁨이 아닌 맞고 안 맞음의 문제를 결국은 극복하지 못했다. 남은 삶이 얼마나 될지 모르지만 자존감 없이 사는 삶은 살지 않겠다고 결심하는 순간, 지나온 길보다 앞으로 갈 길에 더 집중하게 되었다. 힘겹게 원점으로 돌아와보니, 지난 실패와 고통도 귀중한 자산처럼 여겨졌다. 그렇기에 새로운 길을 개척하는 일이 그렇게 힘들지만은 않았다.

이처럼 선택에 문제가 있었다면 다시 수정하면 된다. 언제나 올바르게 가려고 노력해도, 자신도 모르게 잘못된 길에 들어서 있을 수 있다. 아니다 싶으면 원래대로 되돌아가 방향을 다시 잡으면 된다. 두려울 수도 있고 막막할 수도 있지만, 가보지 않는 것보다 그럼에도 가보는 것이 낫다. 한 번뿐인 삶인데 최선을 다해서 살아보는 거다.

책에서 배우는 인생

올바른 선택을 하며 인생을 보람되게 일구어가려면, 지속적인 배움이 필요하다. 그렇다면 어떻게 배워야 할까? 학교에 진학하거나 직접 경험하면서 체계적으로 배우는 것이 가장 좋다. 하지만 모든 걸 그렇게 배우려면 시간도 돈도 너무 많이 든다.

때로는 내가 가려는 길을 먼저 선택해 간 사람의 이야기가 큰 도움이 된다. 타인의 경험을 참고하다 보면 흔히 할 수 있는 실수와 위험 상황을 피해 갈 수도 있다. 그리고 삶의 지평이 넓어지면서 내면도 성장하게 된다.

사업을 다시 시작하기 전부터 이것저것 많이 배우러 다녔다. 돈을 내고 제대로 배우는 것뿐 아니라, 책으로 간접 경험을 쌓는 일도 즐겨 했다.

부동산 중개사무소를 운영하던 시절에는 동네에서 마을문고를 잠시 맡아서 운영하기도 했다. 그때 내가 주로 자기계발서를 빌려다 읽는 것을 보고 사무실 직원이 왜 그런 책만 보느냐고 물었다. 그 말을 듣는 순간, 그동안 책을 편식해왔구나 싶어서 고전을 읽기 시작했다. 오래전에 청소년 문고판으로 읽었던《데미안》이나《돈키호테》,《부활》,《대지》,《무기여 잘 있거라》같은 작품을 다시 읽었다. 과거와는 다른 감동이 느껴졌다.

공장을 다시 차린 뒤로도 책읽기는 꾸준히 이어지고 있다. 생텍쥐페리가 쓴 《어린 왕자》는 책상에 두고 시간 날 때마다 한 번씩 들여다본다. 마음이 팍팍해질 때 이 책을 읽으면서 나를 다시 들여다보는 계기로 삼는다.

나도 책에 나오는 왕이나 가로등 켜는 아저씨, 술꾼 아저씨 같은 삶을 살고 있지는 않은지 돌아보게 된다. 책에서 보고 배우는 것이다. 사막 여우와 어린 왕자의 대화를 보면서 지금 내 주변에 있는 사람들과 완만하게 지내고 있는지 반성하기도 한다. 서로 길들여졌다고 규칙도 없이 행동하지는 않았는지 곰곰이 생각하곤 한다.

이처럼 책에서 삶을 잘 살아가는 방법을 배운다. 내 일정에 따라 아무 때나 읽을 수 있고, 돈도 크게 들지 않기 때문에 가장 합리적인 배움의 방식이라고 생각한다. 앞으로도 꾸준히 배우고 바른 선택을 해나가면서 인생을 아름답게 세워나가고 싶다.

요즘도
개천에서 용 난다

.

자기만의 길을 개척하라

요즘은 가난과 불평등의 대물림으로 개천에 용이 날 수 없는 시대라고 한다. 정말 그럴까? 천만의 말씀이다. 지금도 여전히 개천에서 용이 나는 광경을 주위에서 여럿 목격했다. 대신 그렇게 용이 되려면 다른 이가 장에 간다고 생각 없이 따라가지 말아야 한다. 남들이 다 한다고 덩달아 따라서 하는 시대는 지나갔다. 젊을 적부터 다방면에서 경험을 쌓고 그 과정에서 자기가 잘할 수 있는 분야를 개척해야 성공 가능성이 있다.

옛날에는 공부 열심히 해서 좋은 대학 들어가야 출세한다고 여겼다. 하지만 정말 최고 대학만 졸업하면 성공할 수 있는가? 절대로 아니다. 주변을 잘 돌아보라. 상위권 대학에 석박사 학위를 가지고도 실업자 신세인 경우가 수두룩하다.

반면에 대학은 고사하고 중학교도 졸업하지 못했는데도 자기 손으로 성공을 일구어내 용이 된 예가 적지 않다. 이런 사람들은 어릴 적부터 우여곡절을 수없이 겪으면서 온몸으로 갖가지 경험을 쌓았고, 그 과정에서 생긴 지혜와 실행력 덕분에 지금 그 자리에 앉게 되었다. 누구보다 힘들었기에 그 무엇보다 소중한 자기만의 노하우를 자산으로 얻게 된 것이다. 이들은 힘들 때 잠깐 휘청할지는 몰라도 완전히 주저앉지 않는다.

그러니 성공을 꿈꾼다면 지금부터라도 자기가 해보고자 하는 분야에 경험을 많이 쌓기를 바란다. 그런 뒤에 자기만의 강점을 내세워 새로운 길을 개척해야 승산이 있다.

남들 따라 줄 서다가 쪽박 찬다

홍대에서 공인중개사로서 10여 년간 창업 상담을 해주면서, 경험이나 자기만의 안목 없이 섣불리 창업했다가 망하는 경우를 숱하게 보았다. 의외로 많은 사람들이 은퇴 자금으로 창업에 뛰어든다. 특별히 잘하는 일도 없고 경험은 더더욱 없지만 일 없이 산다는 게 얼마나 고통인지 알기에, 프랜차이즈 점포라도 운영하면 여유롭게 고정 수입이 들어오리라는 환상을 가지고 창업하는 것이다.

프랜차이즈 본사의 설명회를 듣고, 기왕이면 사람 많고 잘나가는 동네에서 해보겠다고 홍대 점포를 계약한다. 그 어마무시한 임대료와 권리금을 무서워하지 않고 말이다. 중개사들은 계약해야 수입이 생기기 때문에, 이 사람이 앞으로 어떻게 될지 불보듯 뻔한데도 좋은 점만 부각시켜서 계약을 성사시킨다. 하지만 대학에 입학했다고 공부가 끝난 게 아니고 오히려 시작이듯, 사업도 점포 계약과 동시에 본격적으로 시작된다.

계약서에 사인을 하는 그 순간부터 난생처음 겪어보는 전쟁의 시작이다. 잘나가는 상권에서 점포에 들어가는 최초 비용이라 하면 임대 보증금과 권리금이 기본이다. 이 권리금이 얼마나 무서운 돈인지 대부분 모르고 달려든다. '나도 나갈 때 받으면 되지' 하고 단순하게 생각한다. 그러나 이는 큰 오산이다. 돌려받지 못하는 경우가 많기 때문이다.

권리금은 처음 그 자리에서 장사하기 시작한 사람이 인테리어와 집기들을 갖추는 데 들어간 비용이다. 장사가 잘돼서 권리금을 많이 받고 나가는 경우도 있지만, 생각보다 장사가 되지 않아서 점포를 비밀리에 내놓고 영업하다가, 다른 사람이 권리금을 주고 들어오겠다고 하면 못 이기는 척 팔고 벗어나는 경우도 아주 많다. 그러면 다음 사람은 그 전 가게의 물건을 다 들어내고 다시 새로 인테리어를 해야 하는데, 그렇게 되면 권리금에 새로 갖추는 비용이 더해져 자금 부담이 가중된다.

이런 식의 수순이 되풀이되다가 맨 마지막에 올라탄 사람은 땡전 한 푼 보장받지 못하고, 빈털터리로 빚만 잔뜩 얻은 채로 나가야 하는 기막힌 신세가 되고 만다. 얼핏 보면 말도 안 되는 불합리한 상황이 지금도 여기저기서 벌어지고 있다.

다 잃은 뒤에 후회해야 아무 소용도 없다. 그러니 사업을 하고 싶다면, 일단은 직접 뛰어들어 충분히 그 분야를 몸으로 겪어봐야 한다. 해보지 않으면 잘 모르기 때문이다.

아무것도 모르는 채로 준비도 하지 않고, 다른 사람들이 하는 대로 따라서 했다가는 쓰디쓴 패배를 경험할 수밖에 없다. 미리 준비를 충분히 하고, 자기만의 강점을 내세워도 만만치 않은 게 사업이다.

젊어서 고생했기에 성공한 현대판 용들

섣부른 도전으로 소중한 은퇴 자금을 날려먹은 사람들이 있다면, 어릴 적부터 공부 안 하고 미꾸라지처럼 말썽을 피우다가 사회에 나와서 온갖 서러움과 고난을 겪으면서 인생 전반전에 이미 풍부한 경험을 쌓은 사람들이 있다. 이들은 남들이 선호하는 편한 길을 선택하지 않았다. 자기가 바랐든 바라지 않았든, 온몸으로 세상과 부딪치며 생존하는 법을 배워갔다. 본능적으로 위험을 피하는 기술도 저절로 터득하면서 자기 능력을 키워나갔다.

그런 친구들 중에 노점 떡볶이 장사부터 시작해 지금은 어엿한 사장님이 된 이가 있다. 그는 처음에는 홍대 앞 길거리 포장마차에서 떡볶이를 팔았다. 노점 생활이란 게 얼마나 힘들고 어려운지 모른다. 단속반이 날마다 와서 치우라고 성화다. 그는 단속에 버티고 또 버티다가 도저히 안 되어서 장사하던 자리 바로 옆에 점포를 얻었다. 길거리에서 거칠게 싸우며 끈질기게 버티기로 유명했기 때문에 건물주가 임대를 허락하지 않으려고 할 정도였다.

어렵사리 점포를 계약해 시작한 장사는 나날이 번창했다. 2호점까지 사업을 확장했고 자기 건물도 소유하게 되었다. 그는 지금 돈 걱정 없이, 자기가 좋아하는 취미생활도 부담없이 하면서 삶을 즐기고 있다. 길거리 포장마차 떡볶이 장사도 엄연히 사업이다. 이것 아니면 안 된다는 마음으로 최선을 다하면 어느 날에는 말 그대로 개천에서 용이 난다.

이러한 현대판 용들을 몇몇 알고 있다. 맨땅에 헤딩 하듯이 아무것도 없이 사회에 나왔을 때 얼마나 힘들었을까? 그러나 포기하지 않고 자기 안목과 소신, 노하우를 가지고 꾸준히 자기만의 길을 걷다 보면 이들처럼 성공할 수 있다.

강물처럼 부단히
흐르다 보면

지금은 작은 샘물이라고 하여도

한강이 얼마나 멋진 강인지 아는가? 우리 회사 거래처가 서울 시내 곳곳에 있다 보니 운전하며 보내는 시간이 많다. 하루에도 여러 번 한강을 지나는데, 한강은 볼 때마다 몹시도 아름답고 웅장해 감탄이 절로 나온다. 특히 밤에 강변북로를 달리면서 바라보는 한강의 야경은 세계 최고라 해도 과언이 아니다. 자주는 아니어도 몇 차례 외국 여행을 하면서 나름대로 아름답다고 정평이 난 곳에 가보았지만 한강보다는 약했다.

이처럼 아름다운 한강도 작은 샘물에서 시작되었다. 한강의

발원지는 태백산의 검룡소라는 곳이다. 지금은 어떻게 바뀌었는지 모르겠지만 30여 년 전 내가 본 검룡소는 초라하고 볼품없었다. 그런 곳에서 뻗어나간 물줄기가 거대한 한강을 이룬다니, 참으로 놀라울 따름이다.

이처럼 세상 만사가 작은 데서 시작한다. 사업체도 마찬가지다. 삼성이나 현대 같은 대기업도 처음에는 쌀가게와 작은 공업사로 시작했다. 그러니 지금 자기 자신이 일구어놓은 것이 작고 허름해 보여도 너무 기죽지 마시라. 당신이 스스로를 작은 샘물이라고 여기면 큰 강물이 될 수 있기 때문이다. 단, 샘은 계속 흘러야 한다. 그러므로 마르지 않도록 쉬지 않고 졸졸졸 흐를 수 있도록 부단히 노력해야 한다.

시행착오 끝에 성장한다

누구나 꿈이 있다. 그 꿈을 어떻게 현실로 이끌어낼지가 문제다. 우리 회사에는 꿈을 현실로 만들기 위해 노력하는 작은 기업들이 많이 찾아온다. 이들 가운데는 신생업체는 물론이고 판매에 노하우가 있어서 매출이 제법 올라가고 있는 회사도 있다. 지금 성장 중인 회사도 처음부터 매출이 오르지는 않았다. 시행착오를 밥 먹듯이 하면서 포기를 백 번도 더 마음먹으며, 뚜벅뚜

벽 여기까지 걸어온 것이다.

온라인 의류 쇼핑몰을 예로 들어보면, 성장하기까지 참으로 힘들다. 막 창업해 봉제공장의 문을 두드리며 눈치를 보면서 소량 제작을 의뢰하고, 제때에 생산해주기만을 간절하게 기다리지만 옷은 원하던 날짜까지 나오지 않는다. 드디어 옷을 받아 들고 보면 품질이 성에 차지 않는다. 그래도 다시 해달라는 말을 못해서 그냥 가져오기를 수십 번이다.

옷 몇 장 팔아서 겨우 다시 옷감을 사고 샘플 작업하고 나면, 자금이 바닥나 마음이 타들어간다. 그런 상황이 되풀이 되어 일상이 되고 나중에는 그러려니 하고 받아들일 정도가 되면 어느 사이 매출이 오르기 시작한다. 그때쯤이면 어렵기만 하던 공장 사람들과도 미운 정 고운 정이 들어서 서로 응원하며 성장을 기원하게 된다.

물론 매출이 올라간다고 마음놓을 수 없다. 언제 어디에 복병이 도사리고 있을지 알 수 없다는 건 사업을 해본 사람이라면 알 것이다. 늘 긴장하면서 시행착오를 두려워하지 않고 넉넉히 품어 해결하다 보면 성장하고 성공에 이르게 된다.

멈추지 않고 흐르다 보면

사업이 어느 정도 자리를 잡았다고 생각해, 초심을 잃어버리는 사람들을 종종 보게 된다. 그런 사람은 불만을 많이 늘어놓는다. 어느 공장은 조금 더 싸게 바느질 해주는데 여기는 너무 비싸다며 불평하기도 하고, 계속 트집을 잡다가 오랫동안 신뢰를 쌓아온 곳이 아닌 다른 곳에 일감을 주기도 한다.

몇 년 전, 우리 회사에 찾아와 도와달라고 했던 한 사장이 떠오른다. 그 사장은 옷을 몹시 좋아해서 직접 회사를 차려서 고급 옷을 모방해 만들어 팔기 시작했다. 여러 업체와 좌충우돌하면서 옷을 만들고 판매하다가 재고가 쌓여서 소량 제작 업체를 찾다가 우리 회사까지 오게 되었다. 열 장부터 시작해 백 장으로 제작 수량이 늘어났고, 판매가 잘돼서 사업이 크게 성장했다. 우리 회사도 덕분에 같이 동반 성장을 이루었다.

그런데 매출이 올라가면서 그 사장의 불만이 많아지기 시작했다. 그러더니 어느 순간부터 거래가 뜸해졌다. 요즘은 거의 만날 일이 없지만, 섭섭해하기보다는 '어디서든 잘하고 있겠지' 하고 마음을 다스린다.

사업하면서 속상하고 상처 받을 일이 얼마나 많겠는가. 거래를 하다 보면 좋을 때도 있지만 의도치 않게 다툴 때도 있다. 그럴 때마다 멈추면 사업이라는 우물은 말라버린다. 상처가 생기면

쓰라린 흉터는 남지만, 그 역시 소중한 자산이 된다. 물은 흐르다가 장애물이 나타나면 피해서 낮은 곳으로 흐른다. 마찬가지로 사업도 인연도 계속 흘러가야 한다. 그러다 보면 또 만날 날이 올 것이다.

크고 작은 고비를 넘다 보면 큰 강물이 된다

한강이 유유히 흐르는 것 같아 보여도 그 속은 전쟁터와 다르지 않다. 온갖 것들이 복잡하게 뒤엉켜 있다. 그럼에도 불구하고 그 넓고 깊은 물 속에서 수많은 생물이 더불어 살아간다. 사업도 마찬가지다. 크고 작은 기업들이 얽혀서 오늘도 살아남기 위하여 고군분투한다. 그 과정 속에서 여러 사람이 먹고사는 것이다.

산을 하나 넘으면 또 다른 산이 기다리고 있는 고단한 여정이지만, 삶이 본디 그런 것 아닌가? 그러니 힘들고 지칠 때 스스로 최면을 걸어보라. '안 되는 게 어디 있어? 하면 되지!' 아무리 큰 프로젝트도 한 사람의 작은 생각에서 시작되었음을 잊지 마라. 당신도 지금은 작은 샘물이라고 해도 나중에는 커다란 강물이 될 수 있다.

좋은 일은 덤덤하게 받아들이고, 나쁜 일은 다시 도전할 기회가 왔다고 긍정적으로 마음먹고 해결하다 보면 언젠가는 풀려 있게 마련이다. 사람 사이 문제는 소통하면 해결된다. 불가능은 없다고 되뇌면서 크고 작은 고비를 넘다 보면 어느새 목표 지점에 도달해 있을 것이다.

꿈은 소소한 일상을
잘 살아내는 것에서 시작된다

포기하지 않으면 기회가 찾아온다

꿈이 별거더냐. 오늘 할 일을 무사히 마치는 게 꿈이고 소원 성취지. 흔히들 꿈이라고 하면 거창한 것만 떠올린다. 그렇기 때문에 너무 멀게 느껴져서 쉬이 포기하게 된다.

그러나 꿈은 그렇게 대단한 것이 아니어도 된다. 아침에 계획한 시간에 일어나는 것, 하루 세끼 잘 챙겨 먹는 것, 오늘 해야 할 일을 잘 해내는 것, 이 모두가 꿈이 될 수 있다. 이렇게 작은 꿈을 하나둘 성취하다 보면 자신감도 생기고 더 큰 성장도 이룰 수 있는 것이다.

이 나이까지 살아 보니 사업은 봄에 씨를 뿌려 폭풍 같은 여름을 잘 견뎌내야 가을에 열매를 먹을 수 있는 농사와 다를 게 없더라. 농사는 농부의 발걸음 소리를 듣고 성장하듯, 사업도 사장의 한결같은 애정과 수고를 먹고 성장한다.

모두 가슴에 저마다의 꿈을 품고 창업한다. 그런데 시작해보니, 마음과 다르게 앞으로 나아가지질 않는다. 오히려 자꾸 뒷걸음질을 치게 된다. 이런 경험은 사업 초기 모두가 겪는 일이다. 창업 후 최소 3년에서 5년까지는 터를 잡는 투자 기간이다. 엎치락뒤치락하며 버틸 수밖에 없는 것이다.

요즘 같은 코로나19 시대에 신생업체 사장의 속은 더욱 타들어갈 것이다. 이런 재해는 예측할 수도, 피해갈 수도 없으니 그저 속수무책으로 당할 수밖에 없다. 그래도 울면서 주저앉아 있지 말고, 어떻게든 힘을 내서 일어나야 한다.

사업을 하다 보면 갑자기 내리치는 벼락과도 같은 일이 수시로 찾아온다. 그러니 다시 일어나 자기 길을 걸어야 한다. 그래야 기회가 찾아왔을 때 그것을 거머쥐고 폭풍 성장을 이룰 수 있다.

하늘은 스스로 돕는 자를 돕는다

사업하면서 위기를 숱하게 겪었다. 그만두고 싶어도 그만두지 못하는 상황이란 걸 경험해보지 않은 사람은 이해할 수가 없다. 정말 힘들 때는 힘들다는 말 자체가 안 나온다. 가족도 안 보이고 오로지 일만 보이기 때문에 그 일이 무사히 해결될 때까지 온통 거기에만 몰입한다. 다행히 한 고비를 넘기면 금세 또 다른 고비가 나타난다. 그러니 긴장을 잠시도 늦출 수가 없다. 이게 대부분 사장의 숙명이다.

어머니는 평생 농사를 지으셨다. 그 고단한 모습을 보면서 나는 절대로 농사는 짓지 않겠다고 결심했다. 온종일 부지런히 일해도 천재지변은 피할 수가 없다. 농사는 사람이 최선을 다하고, 거기에다 하늘의 도움까지 얹어져야 수확을 거둘 수 있다. 농사가 싫어서 사업을 시작했는데, 사업 또한 농사와 조금도 다르지 않다. 발바닥에 땀 나도록 부지런히 뛰어도 하늘이 돕지 않으면 헛일이 되기도 한다.

갑자기 들이닥친 세계적 위기상황에 무력감을 느끼고 좌절하기 쉽지만, 이런 상황도 마음먹기에 따라 극복할 수 있다. 모두가 똑같이 겪고 있는 상황이니 그 속에서 어떻게든 방법을 찾아야 한다. 멀리 뛰기 위해서 잠시 움츠리는 것이라고 생각하면서 말이다. 이렇게 부단히 노력하는 자에게 하늘이 해결책을 내려주리라고 믿는다.

살아 있는 한 미래는 있다

IMF 시절에도 참 힘들었다. 극심한 어려움 때문에 길거리로 내몰린 사람들도 많았다. 그때 나는 열 명 남짓 되는 인원으로 공장을 운영했다. 원청 형편이 나빠지니 거기에 딸린 작은 하청 업체들도 줄줄이 문을 닫을 수밖에 없었다. 나도 아무리 바쁘게 일해도 월급 줄 돈이 부족해서 빚을 내면서 버티다가 결국은 정리할 수밖에 없었다.

대표라는 사람은 눈앞의 상황 너머를 볼 줄 알아야 한다. 비록 지금은 문을 닫지만, 살아 있는 한 어떤 미래가 펼쳐질지 알수 없는 노릇이다. 그러므로 끝날 때에도 모든 관계를 깔끔하게 정리해야 한다. 이 또한 미래를 위한 투자인 셈이다. 밀린 급여도 다 지급하고, 거래처에 못 준 돈이 있으면 그것도 다 줘야 한다. 들어오는 돈은 없고 나가는 돈만 있기 때문에 이때는 삶이참 팍팍하다. 그래도 확실히 정리하고 끝내야 한다.

그러고 나서 다시 황무지에서 살아내는 기간이 생각보다 오래 지속될 수도 있다. 이때 자기 관리를 잘하면서 재기를 준비하는 사람과 그렇지 못한 사람의 차이가 크게 벌어진다. 실패했다고 좌절해 술에 찌들어 있으면 미래는 없다. 아무리 힘들어도 다시 일어서겠다는 굳은 각오로 적은 돈이라도 벌어가면서, 늘 매사 감사하는 마음으로 노력하다 보면 언젠가 기회는 다시 온다.

감사할 줄 아는 행복

공장을 정리한 뒤에 공인중개사를 비롯해 여러 가지 일을 경험해보았다. 그러다가 다시 의류업으로 돌아오게 되었을 때, 과거 공장을 할 때 알았던 사람들이 큰 힘이 되어주었다. 만약 내 힘든 형편에만 사로잡혀 무책임하게 마무리를 제대로 짓지 않았다면, 소중한 인연을 지금까지 이어갈 수는 없었을 것이다. 그러니 사업은 시작도 중요하지만 마무리가 더 중요하다.

잘 아는 분야라고 또 겁 없이 뛰어들었지만, 하루하루 전쟁 같은 일상의 연속이다. 그러나 힘들다고 못하겠다고 하면 정말 더 힘이 빠져서 주저앉게 된다. 그러니 오늘 하루 최선을 다해 살아내는 것을 꿈으로 삼고, 모든 것을 최대한 긍정적으로 받아들이면서 서로 격려하면서 살아가려고 한다.

오늘도 숨가빴던 하루가 조금씩 저물어간다. 내 곁에 함께하는 가족들, 회사 식구들, 거래처 사람들 모두에게 새삼 참 감사하다. 이처럼 감사로 하루를 마감할 수 있으니, 이 정도면 최고로 성공한 삶 아닐까? 욕심은 끝이 없고, 도전 또한 끝없이 이어질 것이다.

가끔 자신을 위해
혼자 여행을 떠나라

생각지도 못하게 찾아온 나홀로 여행

내가 지금까지 공부한 것 중에 가장 좋은 취미가 되었던 것은 사진이다. 덕분에 카메라 한 대만 가지고 종종 훌쩍 여행을 떠난다. 물론 짧은 한나절의 여행이지만 목적 없이 짬을 내어 떠나는 시간은 온전히 나를 바라볼 수 있는 시간이 된다.

그러다 작년 설에 며느리가 갑자기 3박 4일 제주도행 비행기 티켓을 준비해서 나를 감동시켰다. 내가 갑자기 떠나는 여행을 좋아하기는 해도 미리 세워둔 계획이 아니었기에 3박 4일을 혼자 어떻게 보내야 하나 막막하기도 하고 걱정도 됐다.

평소에 제주도는 어머니를 모시고 자주 다녀서 두렵지 않은 곳인데도 혼자서 다녀보기는 처음이라 잠자리부터 일정까지 하나하나 걱정도 됐다. 그래도 나 하나 어디 잘 곳이 없을까, 부딪쳐보면 나오겠지 싶었다. 그렇게 일단 떠나면 어떻게든 되겠지라는 생각으로 제주행 비행기를 탔다.

나를 배려하고 준비해준 며느리에게 고마워 씩씩하고 나름대로 즐겁게 여행을 하고 돌아가기로 마음을 잡으니 배짱이 두둑해졌다. 그리고 다행히 미리 렌트카를 예약해 발길이 닿는 대로 여행을 다니면 됐다. 그렇게 첫 번째로 일출이 유명한 성산일출봉 쪽으로 방향을 잡고 저녁에는 근처에서 숙식을 해결하기로 계획했다. 명절이라 사람이 많지 않을 거라고 생각해 근처 게스트 하우스에서 묵을 생각이었다.

나이 59세에 특히나 명절에 혼자서 무작정 떠난 여행도 평범하지 않은 일이다. 여행 중에 보이는 사람들은 대부분 젊은 20대에서 30대의 꽃다운 청춘들이지 나처럼 나이 든 아줌마는 보이지 않았다. 특히나 카메라 가방을 짊어지고 다니는 사람은 더욱 없다. 가는 길에 휴양림을 들러서 조용한 산길을 천천히 걸으니 이런저런 생각들이 뇌리를 스쳤다. 다음 달 지출해야 할 돈을 벌어놓지도 못하고 있는 형편인데 이런 여행도 사치가 아닌가 걱정도 하면서 새소리, 바람 소리에 나를 맡기기 시작했다.

'까짓거 그때가 되면 어떻게든 해결이 되겠지'

지나온 시간을 되새김하며 몇 시간을 걷고 또 걸으며 눈으로는 멋지고 의미를 두고 싶은 사진을 찍으며 걷다 보면 어느새 마음도 가벼워지고 몸도 가볍게 느껴졌다.

나이를 뛰어넘는 대화가 날 젊게 만들어준다

지인 중 평생 결혼도 하지않고 연극에 전부를 바치고 있는 친구가 있다. 극단 수레무대를 30년 가까이 이끌고 대학에서 연극을 가르치던 김태용 교수다. 강화도에 터를 잡고 후배양성을 위해 자신의 전 재산을 투자하여 젊은 연극인들이 자립을 할 수 있도록 하는 교육을 하고 있다.

응원하기 위해 초창기 몇 번 방문하여 20대에서 30대의 젊은 연극인 친구들과 밤이 늦도록 이야기도 나누고 토론도 하다보니 꽤 친해졌다. 그 친구들에게 제주도 여행을 이야기하자 하나같이 무조건 게스트 하우스에서 묵으라고 권유했다. 이유는 혼자지만 여럿이 다양한 사람들과 소통할 수 있는 곳이라고 여행의 맛을 제대로 느낄 수 있을 거라고 알려주었다.

역시 탁월한 선택이었다. 20대 젊은 여자친구들과 한 방에서 하루저녁을 묵으며 고민이나 요즘 하는 생각을 들을 수 있는 좋은 기회가 되었다. 게스트 하우스의 하이라이트는 저녁 식사 시간이다. 각지에서 모인 사람들이 한데 모여 저녁을 먹으며 가벼운 와인도 한잔하고 지금까지 살아온 이야기나 고민들을 허심탄회하게 서로 나눈다. 이런 좋은 기회는 놓치면 나만 손해다.

그렇게 젊은 친구들의 사고를 느낄 수 있는 시간을 가지게 됐다. 반대로 이 친구들에게는 내가 호기심의 대상이었다. 자신의 엄마보다 나이가 더 많은 아줌마가 특히나 설 같은 명절에 어떻게 이런 여행을 할 수 있느냐며 궁금한 게 많다. 아들과 며느리 같은 친구들과 이야기를 하면서 나는 아들의 세대를 조금 더 이해하게 되고 젊은 사람들은 자신들의 엄마를 조금이나마 이해할 수 있는 좋은 경험이었다.

머릿속에 온통 일 생각뿐이라 시야가 좁아진 나에게 여행이 주는 또 다른 세상은 생각의 지평을 넓혀주는 계기가 되어준다. 세상이 어떻게 움직이고 있고, 젊은 친구들은 어떤 생각을 하며 사는지, 일할 때는 빡세게 일하고 놀 때는 과감하게 부담 없이 즐기는 것을 보면서 세대를 이해하고 격차를 줄이는 훈련을 한다. 나 같은 사장은 틀에 박히기 쉬운 존재이기에 여행은 내게 더없이 좋은 기회다.

게스트 하우스에서 혼자 방을 배정받은 어느 날, 밤새 제주의 거친 바람 소리 빗소리에 잠을 설치고 새벽에 길을 나섰다. 비바람이 앞이 보이지 않을 만큼 자동차 창문을 때렸다. 서귀포항을 향해 네비게이션을 맞추고 가는 길이 왜이리 멀게만 느껴지던지 우리의 인생이란 게 이 여행길과 별반 다르지 않음을 절실하게 느낀다.

비바람이 태풍처럼 강해 항구에는 출항하지 않은 배들이 줄지어 서 있고 그 모습이 을씨년스럽기까지 했다. 항구가 바라보이는 넓은 주차장에 덩그러니 나 혼자만 방치된 느낌에, 갑자기 외로움이 파고드는데 절묘하게 아들한테 안부 전화가 왔다. 여행은 무탈하게 잘하고 있냐고, 혼자서 외롭지는 않냐고 그래, 가족은 이래서 필요한 것 같다.

편의점에 들어가 따뜻한 커피 한잔하면서 마음에 희비가 교차한다. 좋은 일, 나쁜 일 모두 삶의 긴 여정이지 싶다. 좋지 않은 날씨와 나의 외로움을 달래주는 아들의 좋은 전화가 동시에 일어나듯 말이다.

사장도 나만의 시간이 필요하다

내 주변에는 많은 사장이 있다. 멀리 볼 것도 없이 내 오빠부터 일만 하느라 취미는 고사하고 여행 한번 제대로 하지 못하고 살았다.

60대 후반인 오빠는 일을 줄이고 집에 있는 시간이 많아졌지만 일밖에 모르니 일하지 않을 때는 집에만 있어 가족들도 답답해하지만 본인은 얼마나 의욕이 떨어졌을지 안 봐도 보인다.

그러니깐 사장은 현역에 있으면서 아무리 바빠도 자신이 좋아하는 취미 하나 정도는 제대로 만들어놓아야 한다. 책을 읽거나 아니면 글을 쓰는 것도 좋고 나처럼 카메라를 가지고 사진을 찍는 취미도 좋다. 그 핑계로 지금의 나처럼 혼자서 차를 몰고 훌쩍 여행도 하면서 세상 구경도 하고 일하면서 쪼그라든 마음도 다시 펼 수 있다.

오히려 한가할 때는 책도 안 읽힌다. 시간에 여유가 생기면 조금은 즐기고 편하게 쉬거나 취미를 즐길 줄도 알아야 하는데 일 걱정에 몸이 더 움직이지 않게 된다. 바빠야 이것도 저것도 하게 된다. 지금 나도 바쁘게 살면서 짬짬이 글을 쓰고 있다. 바쁜데 언제 책까지 쓰냐고? 새벽에 일어나 한 꼭지 쓰고 퇴근 후 하루를 돌아보며 반성도 하고 술 한잔하고 이런저런 생각에 또 쓰게 되는 것이다.

영원히 살것처럼 일에 매달려 치열하게 사는 것도 누가 뭐라고 하지 않는다. 그러나 일만 하다 보면 나를 온전하게 만나지 못한다. 그래서 더욱 마음이 삭막해진다. 돈이 있어야 여행도 하고 취미생활도 한다고 하겠지만 천만에 말씀이다. 장사를 하고 사업이라도 하는 사람은 그 일이 끝이 나도 돈의 노예로 살기 십상이다. 돈과의 전쟁은 죽을 때까지 계속될 테니까.

올해는 나 스스로 여행을 계획하고 있지만 통장에 잔고가 없다. 빚을 내서라도 한 번 다녀와야 훌훌 털어내고 올 한 해를 빡세게 뛰지 싶다. 빚을 내라는 소리는 아니지만 아무리 바쁘고 정신이 없더라도 열심히 사는 모든 사장들이 본인만의 시간과 자기 자신을 위한 보상을 꼭 하면서 살았으면 한다.

사장,
그럼에도 당신이 희망이다

코로나19가 들이닥쳐 우리 사장들을 벼랑 끝으로 내몰고 있다. 그럼에도 살아내야 하니, 참 갑갑하기만 하다. 인생이 꼬일 때는 모든 게 같이 꼬여서 더욱 힘들다. 그러나 문제 자체에 자꾸 시선을 두기보다는 해결책에 관심을 가져야 할 때다. 지금보다 더 안 좋은 상황을 머릿속에 그려보면서 이런 현실이나마 감사히 받아들이면 조금씩 어둠이 걷히게 되어 있다.

사업을 막 시작했을 때 아무리 노력해도 마이너스 성장이고, 함께 일하는 사람들도 내 맘을 몰라줄 때면 너무 힘들어서 아무나 붙잡고 항변하고 싶어진다. 하지만 찬찬히 생각해보면, 누가 시켜서 한 일이 아니다. 내가 좋아서, 잘될 것 같다는 확신이 있

232

어서 스스로 벌인 일이다. 그러니 책임을 지는 수밖에 없다.

　1인기업으로 시작해 직원이 하나둘 늘어나면, 힘들다고 함부로 사업을 접을 수도 없다. 어느 순간부터 사장은 사명감으로 하루하루 버티듯이 사업을 유지하게 된다. 그렇게 경제 조직의 피라미드 밑바닥에서 힘겹게 버티는 사장들 덕에 사회 기반이 탄탄하게 유지되고 있다. 치열한 생존경쟁 속에서 매일 압박감에 눌리면서도 마음속에서 조금씩 피어오르는 희망 때문에 오늘도 울면서 웃는 것이 바로 이 시대의 사장들이다.

　사장의 하루는 시작부터 끝까지 100미터 달리기다. 쉴 새 없이 달리면서 조금이라도 좋은 결과가 나오고 거래처에서 일 잘해줘서 고맙다는 칭찬까지 받으면 없던 힘이 갑자기 솟는다. 하늘을 날 듯이 기쁘다. 밤낮 없이 일해도 많이 벌지 못하면서 왜 그렇게 힘들게 사느냐고 기운 빼는 가족이 때로는 가장 큰 부담이지만, 넘어지고 쓰러지면 가장 먼저 손 내밀어 일으켜주는 가족 덕분에 다시 뛴다.

　사람에 지치고 사람 덕분에 용기를 얻고 '이놈이 인재인가' 하고 정 주다 보면 포장지만 그럴싸한 속물이라 가슴앓이를 수없이 반복하지만, 그래도 포기 못하고 다시 정을 주는 게 사장이다. 급변하는 시대 흐름 속에서 도태되지 않고 살아남기 위해 일과 배움을 병행하며 하루 24시간이 모자랄 만큼 바쁘지만, 각종 대금 지급일마다 돈이 모자라 여기저기 종종거려야 하는 게 또 사장이다. 극복하기 어려운 문제를 만나 고민하느라 속이 타들어가도, 겉으로는 웃으며 평온을 유지해야 하는 것이 바로 사장이다.

사장으로 살면서 참 힘들고 외롭고 하루에도 열두 번씩 포기하고 싶은 충동이 들었지만, 꾹 참고 여기까지 왔다. 세상에서 성공하는 가장 쉬운 방법은 포기하지 않는 것이다. 아무리 힘들어도 포기하지 않으면 반드시 성공하게 되어 있다.

나만 힘들다고 생각하지 마라. 당신보다 더 힘든 사람이 많다는 사실을 늘 기억해라. 당신이 행복하지 않은 것은 남들은 나보다 나을 거라고 생각하기 때문이다. 그저 일이 있다는 것에, 도전할 수 있다는 것에 만족해라. 감사하려고 하면 모든 것이 감사할 만한 일이다. 건강한 몸으로 지금도 일할 수 있어서 감사하고, 내가 잘되기를 바라는 가족이 있음에 감사하다. 부족한 회사를 일터로 생각하고 와주는 사람들에게도 감사하고 우리에게 제작을 의뢰해주는 거래처에게도 감사하다.

혹시 사업이 너무 힘들어서 주저앉아 있는가? 그러나 괴롭더라도 다시 일어서야 한다. 당신을 믿고 의지하는 사람들을 생각하며 힘을 내라. 당신 같은 사장들이 버텨줘서 오늘도 이 사회가 유지되고 있는 것이다. 당신의 의지가 당신과 당신 주위 사람들, 더 나아가 이 세상을 더 좋게 변화시킬 수 있다.

힘내라, 사장!
당신은 해낼 수 있다.

북큐레이션 • 나만의 사업 아이템으로 인생의 가치를 높이고 싶은 이들을 위한 책

《힘내라 사장》과 함께 읽으면 좋은 책, 원하는 바를 위해 포기하지 않고 꿈을 향해 달려가고 싶은
당신을 언제나 응원합니다.

통장을 채우는
부자들의
인생 스킬

10배 버는 힘

박서윤 지음 | 14,500원

잘 버는 사람들은 생각부터 다르다!
돈 버는 능력을 키우는 부자 되기 최단 루트

부자가 되고 싶지만 정작 그 방법을 아는 사람은 얼마나 될까? 부자들은 어떻게
생각하고 행동하기에 돈의 주인으로 살아갈 수 있는 것일까? 《10배 버는 힘》은 수
억 원의 빚과 함께 절망적인 상황에 서 있던 저자가 3,000권의 책을 읽으며 부자
들이 가지고 있는 공통점들을 찾아내 한 권의 내용으로 정리한 책이다. 자신의 내
면에 돈의 주인처럼 생각하고 행동하게 만드는 부자 DNA을 심어 10배가 넘는 수
익을 창출한 저자는, 누구나 후천적으로 부자가 될 수 있다고 강조하고 있다.

8평 매장에서
월 1억씩 버는
가게의 비밀

안녕하세요 과일대통령입니다

황의석 지음 | 14,800원

1톤 트럭을 몰고 다니며 노점상으로 시작해
3,000여 명의 과일 냉장고를 지배하는 사장이 되다!

《안녕하세요 과일대통령입니다》는 한 번 온 고객도 반하게 만들어 월 1억씩 버는
'과일대통령'만의 판매 전략을 공개한다. 기발한 아이디어로 사람들을 끌어모으는
것뿐만 아니라 고객에게 가장 맛있는 과일을 전하기 위해 전국 방방곡곡을 찾아
다니는 과일대통령 열정을 가득 담았다. 퇴사 후 새로운 길을 찾고 있다면, 막막한
취업 시장을 뒤로하고 나만의 사업을 시작하고 싶다면, 과일대통령이 들려주는 생
생한 과일 장사 이야기에서 그 답을 얻을 수 있을 것이다.

마음을 얻는
진심 비즈니스의
첫걸음

비즈니스를 좌우하는 진심의 기술

김정희 지음 | 14,500원

진심, 어디까지 해봤니?
마음을 얻는 진심 비즈니스의 첫걸음

베트남에서 열리는 준공식을 위해 125km 떨어진 곳에서 유람선을 가져오고, 화려하고도 예술적인 기공식을 기획해 모든 사람들의 마음을 사로잡고, 디즈니랜드에 한국관 설치를 위해 미국으로 곧장 날아갔다. 아무도 이렇게까지 하지 않는다. '진심'을 가지고 비즈니스를 대하는 사람만이 할 수 있는 일이다. 지속되는 불황과 넘쳐나는 광고로 사람들의 마음은 점점 닫혀간다. 그럴수록 이 책을 통해 사람의 마음을 만져 인간 본연의 가치를 잃지 않고 모든 상황을 타파하는 힘인 '진심'으로 무장하길 바란다.

사장이
알아야 할
기본개념 40가지

사장 교과서

주상용 지음 | 14,500원

사장, 배운 적 있나요?
경영 멘토가 들려주는 사장의 고민에 대한 명쾌한 해법

중소기업이 시장에서 살아남아 강소기업으로 성장할 수 있는 비결은 어디에 있을까? 대기업과 달리 중소기업의 사장은 대체할 수 없는 리더십이다. 따라서 조직의 성과를 높이고 효율을 증진시키기 위해서는 누구보다 먼저 사장 자신의 효율성이 높아져야 한다. 이 책에서는 기업 CEO들의 생각 친구. 경영 멘토인 저자가 기업을 성장시키는 사장들의 비밀을 알려준다. 창업 후 자신의 한계에 부딪혀 성장통을 겪고 있는 사장, 위기 앞에서 포기하기 직전에 있는 사장, 향후 일 잘하는 사장이 되려고 준비 중인 예비 사장들에게 큰 도움이 될 것이다.